FENG HUO LIAN TIAN DE WAI GUO GU DAI ZHAN ZHENG

烽火连天的外国古代战争

刘军 邵朵 / 编著

吉林人民出版社

图书在版编目(CIP)数据

烽火连天的外国古代战争 / 刘军, 邵朵编著. -- 长春 : 吉林人民出版社, 2012.7
（军事五千年）
ISBN 978-7-206-09174-2

Ⅰ.①烽… Ⅱ.①刘… ②邵… Ⅲ.①战争史-外国-古代-通俗读物 Ⅳ.①E19-49

中国版本图书馆CIP数据核字(2012)第160924号

烽火连天的外国古代战争
FENGHUO LIANTIAN DE WAIGUO GUDAI ZHANZHENG

编　　著：刘军 邵朵
责任编辑：赵梁爽　　　　　封面设计：七　洱
吉林人民出版社出版 发行（长春市人民大街7548号 邮政编码：130022）
印　　刷：北京市一鑫印务有限公司
开　　本：670mm×950mm　1/16
印　　张：12　　　　　　　字　　数：90千字
标准书号：978-7-206-09174-2
版　　次：2012年7月第1版　　印　　次：2023年6月第3次印刷
定　　价：38.00元

如发现印装质量问题，影响阅读，请与出版社联系调换。

大流士一世	001
马拉松战役	005
温泉关战役	010
布拉底战役	015
安菲波利斯战役	018
锡腊库扎战役	023
琉克特腊战役	028
曼蒂尼亚战役	031
科罗尼亚战役	037
亚历山大大帝	041
培利亚战役	046
格勒奈克斯战役	050
伊苏斯战役	055
提尔战役	060
高加米拉战役	063

赫达斯庇战役 …………………………………………067

汉尼拔 ……………………………………………………071

坎尼战役 …………………………………………………076

特拉西美诺湖决战 ……………………………………080

麦陶尔战役 ………………………………………………084

扎马战役 …………………………………………………088

马格西尼亚战役 ………………………………………092

皮德那决战 ………………………………………………096

斯巴达克起义 …………………………………………100

征服者凯撒 ………………………………………………104

法尔萨拉战役 …………………………………………109

菲利比战役 ………………………………………………114

条陀堡森林战役 ………………………………………117

克雷莫纳战役 …………………………………………120

亚德里雅那城战役 ……………………………………124

卡达拉翁战役 ·· 127

达拉斯会战 ·· 131

特里卡梅伦会战 ······································ 135

塔吉纳战役 ·· 139

普瓦提埃会战 ··· 143

黑斯廷斯战役 ··· 147

曼齐克特战役 ··· 151

耶路撒冷战役 ··· 155

哈廷会战 ··· 160

楚德湖会战 ·· 164

阿金库尔战役 ··· 168

奥尔良战役 ·· 173

君士坦丁堡战役 ······································ 177

红白玫瑰战争 ··· 182

大流士一世

大流士（公元前558年~公元前486年），古代波斯帝国的国王。大流士的父亲希斯塔佩斯是古波斯国王冈比斯的堂弟。冈比斯在远征埃及时期，曾任命大流士为万人不死军的统帅。冈比斯在征讨埃及时期，在波斯国内发生了反对冈比斯的起义。因此，冈比斯急忙从埃及前线返回，不幸在途中病故。这时，28岁的大流士和另外6个贵族青年急忙赶回波斯。他们的共同目标是谋杀起义领袖——自称为"巴尔迪亚"的人。巴尔迪亚是冈比斯的弟弟，他受冈比斯之命任波斯帝国东部各省总督，在东部各省很有声望。但冈比斯担心他与自己争夺王位，所以在远征埃及前就派人把他偷偷杀掉。现在这个自称为巴尔迪亚的人，很显然是冒充巴尔迪亚。他的真名是高墨达，是拜火教里的僧侣。在各族对冈比斯不满的情况下，他冒充巴尔迪亚，企图借机篡夺王位。

在冈比斯不在国内情况下，高墨达率众起义，于公元前522年自称为王，并减免官税，深得民心。他又企图改革。整个波斯帝国的百姓都反对冈比斯，拥护高墨达。正在这时，大流士7人集团在奴隶主支持下，带兵在米底的西迦耶胡瓦提堡与高墨达军队交战，一举歼灭高墨达军队，并杀掉高墨达和他的支持者。就这样，大流士取得王位。此后，大流士把每年的这一天作为一个节日来庆祝。

大流士即位后，又恢复了冈比斯时期的政策，如把牧场、牲畜、奴仆归还奴隶主，当然激起人民的不满，但都被大流士镇压下去。公元前522年，大流士率领6名波斯将领、1名米底将领、1名亚美尼亚将领和2万多人的队伍，在一年多的时间里，经过18次战役，俘虏8名暴动的领袖，最后扭转了波斯帝国动荡不安的局势。

公元前520年9月，波斯帝国形势逐渐稳定，大流士在从巴比伦到埃克巴坦那的途中，克尔曼沙以东的贝希斯顿村的悬崖峭壁上刻下了记功铭文。这就是大流士的《贝希斯顿铭文》，铭文中对大流士俘虏9王有清楚记载。其中8个王都被长索鱼贯系颈，反绑双手，面向大流士。大流士则昂首直立，左脚踩在仰卧地上的高墨达身上，左手持弓，右手高指天空中的阿胡拉马资达，表示胜利的意思。阿胡拉马资达左手拿着象征王权的环，将要授给大流士。

在波斯帝国动摇时期，冈比斯任命的埃及总督将铸有大王冈比斯像的银币熔为银块，高价出售。大流士对此非常愤怒，于是把他撤职，最后处死。萨迪斯总督奥罗提，在大流士即位之初非常专横独行，甚至曾杀死过大流士派去的使者。公元前518年，大流士命令奥罗提的侍卫把他杀掉。

大流士还采取一系列措施加强中央集权制。他首先在波斯全国设置20个行省，每省设置总督一人，必须由王室和贵族担任。他们的职务是主管处理全省行政，直接对王室负责。还有3名高级官吏，负责征收贡赋。总督、将军、司税收的大员，都对国王负责。此外，有时中央派出钦差，人们称之为"王的耳朵"，去各地巡行，收集情况。

大流士为了巩固帝国又加强法律制度。他以制定法律为当时称赞，并被柏拉图赞扬。他所制订的法律，直到公元前3世纪末塞琉古时期仍然被视为权威性法律。法律全文虽然没有传到今天，但根据《贝希斯顿铭文》说："在这些国土上，容易相处的人，我善待之。虚妄的人，我惩治之。赖阿胡拉马资达的佑助，这些国土尊重我的法律，我们说的，他们遵办。"从这里可以看出大流士是非常注重法的。

为了加强中央与地方的联系，大流士在国内修筑若干驿路，形成驿站网。最重要一条驿站是从苏萨到小亚细亚的萨迪斯，全程2000公里，驿站110个。每站备有人和马，在驿站间，不管风雪炎热和黑夜，轮流转换。

为了探索资源，大流士在公元前516年派人自喀布尔河与印度河汇合处出发，到达今苏伊士港。这一探险性航行，历时两年，发展了海上贸易。为发展贸易，大流士又下令修凿运河。早在埃及中王国时期，尼罗河支流佩卢西亚克河上就有一条灌溉河。后来又经修筑而延长。公元前518年，大流士命令开成从红海到地中海的运河。这即是后世苏伊士运河的先驱。

　　对经济生活影响大的措施，首先是改革税制。在此之前，两河地区计算土地大小都不论面积而论产量。大流士则实行计算土地面积及谷物平均产量，再根据这些固定税额。另一项改革是统一度量衡和货币。大流士制定的度量衡和货币，有些已遗留下来，如黑石灰石尺，上面刻着大流士王号。大流士的金币称大流克，成色最好，含纯金98%；银币叫舍克勒。所有这些措施对发展经济都是有利的。

　　在实行了一系列措施基础上，波斯帝国经济发展很快，中央与地方关系密切，经济也随之巩固。因此大流士开始向外扩张。公元前513年，大流士出征，命令希腊人为他在博斯普鲁斯海峡设浮桥，从拜占庭北进入欧洲，征服色雷斯。又派600艘战船自黑海向多瑙河口进发，使色雷斯马其顿并入波斯版图。接着征服希腊城邦。公元前492年，大流士派他女婿带战船600艘出征，遇风暴损失战船300艘，士兵2万。公元前490年又派达斯提出征，攻克埃克特利亚。公元前490年1月，大流士在希腊东部马拉松平原被击败，但他没有放弃征讨希腊的打算。公元前486年10月，埃及暴发反波斯起义，大流士还没有来得及去镇压起义，就死去了。在古波斯帝国，大流士是一位杰出君主，在军事、政治上都很有功绩，对后世影响很大。

马拉松战役

马拉松是希腊东部临海的一个平原的名字。公元前490年9月21日,波斯军队和希腊城邦的联军在这里发生一次激战,这就是历史上著名的马拉松战役。

公元前490年,波斯王大流士一世任命海军大将达提斯和阿塔非尼斯为远征统帅,并亲自制订了周密的远征计划。首先征服了弱小的厄瑞特里亚,在那里大肆烧杀抢掠,使雅典在精神上受到震动,造成无形的威胁。同时又派一支陆军在距雅典东北部约40公里远的马拉松平原登陆,拉开一个向雅典展开进攻的架势,以此来引诱雅典的军队出来迎战,使城内出现空虚状态。波斯人这样做的目的,一则可以避免攻城战役,二则有利于争取城内的反对力量的支持。

在9月初,波斯一切准备完成,统帅达提斯和阿塔非尼斯带领大军,横渡爱琴海,取道基克拉迪群岛,直扑优卑亚岛上的厄瑞特里亚城。厄瑞特里亚人立即请求雅典予以援助。

在波斯军队接近优卑亚岛时,便分兵两路:一路由阿塔非尼斯带领围攻厄瑞特里亚;另一路由达提斯带领,开往阿提卡东海岸,准备在马拉松登岸。雅典在接到厄瑞特里亚求援的消息时，立即组织人力，由统帅卡里玛巧斯带领出发，去援助厄瑞特里亚。这时，波斯军队已在达提斯的带领下在马拉松登陆。波斯军队有骑兵和步兵共约1.5万人。马拉松平原三面背山，一面临海。波斯人的想法是，把雅典的陆军引到这里，发挥骑兵的优势，一举歼灭雅典的步兵。而雅典的统帅卡里玛巧斯带领的步兵正在向北进发，还没走多远就听见波斯军队在马拉松登陆的消息。卡里玛巧斯当机立断，命令部队停止前进，派出4千人继续北上，去支援厄瑞特里亚；其余队伍转向东北进发，向马拉松开进。为了加强力量，又派遣有名的长跑能手斐力庇第斯去向斯巴达求援。斐力庇第斯仅用48小时就跑完了240里路，于9月9日到达了斯巴达，把求援的信息报告了斯巴达。斯巴达人虽然同意出兵援助雅典，但他们不能违背宗教惯例，务必等到过了9月19日夜的宗教节之后才能出兵去支援雅典。

雅典军队到达马拉松平原以后，立即投入修筑阵地工事。建立营房，尽力延缓进攻时间，等待着斯巴达的援军到来。这时，普拉太亚城邦派来1000名重装步兵前来支援。雅典又发动奴隶也拿起武器，与自由民一起作战。因为等待斯巴达人的援军，希腊军队在马拉松平原与波斯军队相持了8天时间。第九天厄瑞特里亚陷落。波斯统帅阿塔菲尼斯攻克厄瑞特里亚以后，又带兵从海上绕道直奔雅典城下，企图策应那里的城内暴动。这消息传到雅典城，顿时上下一片惊恐。雅典统帅卡里玛巧斯立即召开作战会议，研究对策。参加会议的10个部族的将领各持己见，对作战方案的意见分歧很大。雅典另一统帅米太亚提斯极力主张立即进攻，但在投票通过时，结果是4票赞成，5票反对，不得不把最后决定权交给统帅。卡里玛巧斯决定立即向波斯人发起进攻。

就当时的形势而论，双方各有千秋。雅典军队在数量上处于劣势。但在其他方面则有优势，如士气旺盛和武器装备较好。9月21日，希腊联军由米太亚提斯担任总指挥。他首先命令部队控制各个山头，占据有利地形，封锁住波斯去雅典的道路，从而使整个战场处于有利于希腊联军的态势，不利于波斯军队的进攻。希腊联军居高临下，下面是个大斜坡，可以清楚地观察到平原上波斯军队的全部活动。富有作战经验的米太亚提斯对波斯人的作战方法了如指掌。他针对波斯人惯用的作战方法采取了佯攻和两翼夹击的战术，把实力雄厚的雅典重步兵分作两个约有500公尺长的横队配置在两翼，前后8排。在中央阵线上的兵力较薄弱，只有4排横队。米太亚提斯的打算是，用较弱的中央阵线兵力首先发动佯攻，引诱波斯军队发起反攻，然后再让雅典军队且战且退，逐步把波斯军队引入设下的陷阱。在诱敌深入之后，两翼重步兵猛烈夹击，一举击溃敌人。波斯军队当时也摆好阵势，他们的兵力配置正好与希腊联军相反，骑兵、弓箭手和主力步兵配置在中央阵线上，而较弱的兵力放在两翼。

战斗开始后，希腊联军排成一字形横队向前推进，在进到波斯军弓箭的射程之内时，波斯军顿时万箭齐发，矢石如雨。希腊联军加快了突击的步伐，在盾牌的掩护下，中央阵线顺坡飞奔而下，扑向波斯军。波斯军队向希腊联军发起猛烈射击，当他们发现希腊联军人数不多，又没有骑兵和弓箭手时，迅速上前迎战。在波斯军队正面威胁下，希腊联军中央阵线前进受阻，当即向后退却。波斯军乘机发起追击，士兵们以为是战争胜利了，人人都想抢功受赏，个个争先恐后、紧追不舍。就在这时，希腊联军的中央阵线出现了空隙。波斯军见此情况，更加得意忘形，有恃无恐。在波斯军步步紧逼，骄兵乘隙突入之际，两翼队伍由于雅典军的抗击前进受阻，结果，出现了正面队伍突出，队伍混乱，首尾不能相顾的局面。

这时，希腊联军的西翼重步兵发现进攻时机已到，并立即发动攻击。他们士气高涨，挥戈舞剑，喊杀声震天，有如汹涌潮水猛冲而下，迅速形成两面包围的阵势。希腊联军同仇敌忾，斗志昂扬，身披坚甲，手持长矛，心怀为保卫家园而战的决心，在短兵相接中与波斯军奋勇拼杀。波斯军三面受敌，又前后不能相顾，一时阵脚大乱。经过奋力厮杀，才摆脱希腊联军的重围，狼狈地向海边撤退。希腊联军乘胜追击，在海边又与波斯军展开肉搏。在血流遍野的战场上，波斯军丢下了6400具尸体，损失了7艘战舰。一些幸存者爬上舰船，惶恐逃脱。而希腊联军在这次战斗中只牺牲了192人。令人惋惜的是，希腊联军的统帅卡里玛巧斯和另外几名将领，都在战斗中被乱箭射中身亡。

希腊军队在马拉松战役中以少胜多，打败了10倍于己的波斯军队，取得了重大胜利。希腊联军统帅米太亚提斯为了让雅典尽快得到胜利的喜讯，决定派长跑能手斐力庇第斯去雅典报信。斐力庇第斯给斯巴达送信刚回来，还没得休息，接着又赶去报信。他一口气跑完42公里195米的路程，抵达雅典广场，只说出了一句话："我们胜利了！"就精疲力竭，倒地而死。后人为纪念这位爱国英雄，就举行同样距离的长跑赛，并定名为马拉松长跑。1896年举行首届奥运会时，正式创设了一项新的竞赛项目——马拉松长跑。

当波斯统帅达提斯带领残部登船逃跑时，又接到雅典城内叛乱的消息，请求波斯军队给予支援。于是，达提斯又带领波斯军队急奔雅典城，打算在希腊军队返回前夺取雅典城。不料，希腊联军击败达提斯后，立即回师全速赶到雅典。当波斯军队来到雅典时，雅典城头上早已是严阵以待的希腊联军了。波斯军得知支援的时机已过，只好调转船头而去。当天晚，斯巴达的2千名前锋军队赶到，这时战斗已经结束。

马拉松战役是单枪匹马作战方式的结束，又是重甲方阵战术的开始，是古代战争史上的一次著名的战役。

温泉关战役

温泉关位于希腊中部的关口德摩比勒，向有希腊中部门户之称。它背山面海，东面是一片广阔的沼泽地，直到大海，西面是陡峭的高山，中间是连接北、中希腊的唯一大道。关口的宽度大约只能通过一辆马车。在关口的前面有两个硫黄温泉，所以德摩比勒关口又叫温泉关。公元前480年6月，波斯军和希腊军在这里展开了激战，这就是有名的温泉关战役。

波斯国王薛西斯发誓要踏平雅典征服希腊，以雪马拉松战役失败的耻辱。经过4年准备之后，薛西斯动员了波斯全国力量，整建陆兵170万，又加上骑兵、海军以及雇佣军、同盟军共有260多万人。波斯军队伍庞大，人员参差，武器服装各异，语言不同，习惯不同，可谓五花八门。此外，还有战舰1200余艘，其他船只3000艘。

公元前480年的春天，波斯一切准备完毕。薛西斯在阿比杜勒检阅了46个国家的百万大军，然后从那里出发向希腊进军。波斯大军到达赫勒斯蓬特海峡，薛西斯命令军队在海峡上架设浮桥。他们把360多艘战船排成一列，用粗大的绳索连接起来，在船上铺上木板组成两条路，一条供人行，一条为马道，船的两边装上栏杆。浮桥造好后，波斯国王薛西斯乘坐一辆8匹马拉的战车，带领大军浩浩荡荡通过海峡。声势浩大的队伍整整过了7天7夜。然后波斯大军分水陆两路，沿爱琴海北岸向西挺进。与此同时，雅典也做好充分准备，扩充雅典海军，建造了100多艘3层桨座的大战舰，并征集水手，日夜操练，使雅典海军一跃成为爱琴海上的第一流海军。

在薛西斯的波斯大军的威逼下，雅典民主派领袖泰米斯托克利立即在科林斯召开大会，联合30多个城邦，组成反波斯同盟。同时，推举斯巴达王李奥尼达担任希腊联军总司令。希腊联军的陆军以当时最强大的斯巴达兵为主。海军以雅典海军为主。尽管当时希腊联军具有空前的海陆优势，但其实力与庞大的波斯军队相比仍处于劣势。

当时，希腊联军面临敌强我弱的形势。怎样才能克敌制胜呢？希腊联军对敌人的情况进行了认真的侦察和充分运筹。开始时，希腊联军主张在色萨利地方组织抗击波斯军，但是由于对色萨利贵族是否忠诚可靠不摸底，就没有执行这个方案。最后把阻击波斯军的战争选择在希腊中部的德摩比勒要塞一带，并动用海陆两军同时夹攻波斯军。希腊联合舰队驻守在优卑亚岛的阿忒米西翁，由太米斯托克利指挥。陆军集中在德摩比勒，由斯巴达国王李奥尼达指挥。约7000余人准备死守德摩比勒，阻止波斯陆军进入希腊中部，从而促使波斯海军在海上孤军作战，然后在海上以雅典的优势海军与波斯海军决战。因此，能否坚守住德摩比勒，对于夺取这场战争的胜利至关重要。

德摩比勒是波斯军进入希腊攻击雅典的必经之路。这里通道狭窄，大部队不能在这里作战，车辆骑兵在这里又没有用武之地，因而削弱了波斯军众多优势。斯巴达王李奥尼达把6000名士兵部署在隘口一带，命令1000名士兵扼守住温泉关山后的小道，防止波斯军由后面进攻。

波斯国王薛西斯带领陆军顺利占领希腊北部的色萨利，接着继续向南挺进。一天，突然狂风骤起，海军有400艘战船被狂风掀翻在海中沉没。后来，又在阿忒米西翁遭到雅典舰队的袭击，前进遇阻。这时波斯陆军已抵达温泉关，在温泉关的北面平原上安营扎寨。薛西斯仗着兵多将广，一时气焰嚣张。当他得知希腊联军在这里正严阵以待，把守关口时，就派遣一支部队前去挑战。开始时，薛西斯认为就凭这百万大军完全能把希腊联军吓跑，根本不用攻击；没想到，一等就是5天，希腊联军依然固守不动，毫无退却之意，于是下令进攻。

当时已近7月，波斯军展开进攻。然而由于地形狭窄，虽然波军人数众多，可是真正发挥战斗作用的人为数很少。第一天，波斯军发动了多次冲锋，都被希腊军击退。守卫在隘口的斯巴达士兵，都具有较好的训练素质和较高的作战本领，一个个如猛虎。他们居高临下，使用的武器长矛远比波斯军武器占有优势，打得波斯军连连退却。恼羞成怒的薛西斯又调来最精锐的1万名号称无敌的御林军，妄图一举攻克隘口，结果仍未成功。

第二天，波斯军又连续多次发动凶猛进攻，结果都被击溃。连续溃败，死伤惨重，士兵中也发生骚乱。面对这种情况，波斯国王薛西斯束手无策，一筹莫展。在这万分紧急关头，薛西斯从希腊叛兵口中得知有一条通往温泉关背后的小路。薛西斯顿时高兴不已，从无望中又发现了新的希望。傍晚，薛西斯的御林军在希腊叛兵的带领下，窜出峡谷，穿过密林，渡过小河，沿着荆棘丛生的羊肠小道直插温泉关后山，准备从希腊联军背后包抄偷袭。这条羊肠小道过去很少有人知道，也没有人走过，所以看守这条路的希腊联军，也满以为波斯军是不会知道这条小路的，因此戒备不严。等到波斯军到来的脚步声把希腊守兵惊醒时，才发现敌情。希腊联军急忙起来寻找武器，可是敌人已经来到眼前。守兵在慌乱中只好逃跑，有的逃到山顶准备固守，有的跑到山下去报告敌情。斯巴达国王李奥尼达听到这个消息，深知腹背受敌，战则必败。他当机立断，一方面命令同盟军主力撤退，并把情况及时报告雅典，同时自己带领300名斯巴达士兵死守温泉关，决心与波斯军战斗到底，与关口共存亡。

第三天清晨，波斯军又发起猛烈进攻，前后受敌的斯巴达士兵在国王李奥尼达的指挥下，英勇战斗，顽强抵抗，拼命厮杀。长矛折断了就用剑砍，剑折断了就冲上去用拳头和牙齿与波斯兵展开肉搏。斯巴达国王李奥尼达虽已遍体鳞伤,血透铠甲,但仍然挥舞短剑拼命与波斯兵厮杀,直到力尽气绝身亡。波斯士兵涌上来企图抢走斯巴达王的尸体,而斯巴达士兵为了保护国王的遗体,四次击退敌人的冲锋。这时,从背后来偷袭的波斯御林军赶来,四面包围关口。希腊守军陷入重围,但毫不畏惧,继续抵抗。他们退居山头,利用一切可能用的东西作武器,与波斯军顽强奋战。没有一个人逃跑,没有一个人投降。虽然冲上来的波斯人被杀死很多,但往上冲的人也越来越多。波斯人射来的箭矢密如飞蝗,最后扼守关口的斯巴达士兵全部壮烈牺牲,隘口终于被波斯军占领。尽管波斯军占领了温泉关,但却付出了2万人的沉重代价。斯巴达王的尸体也落到波斯军手中,薛西斯下令砍下头颅,挑在矛尖上示众。

　　温泉关战役是希腊历史上一次爱国主义战争的范例,斯巴达士兵的英勇精神一直被人们赞颂。

布拉底战役

公元前479年春天,在希腊的布拉底城郊,波斯军队与希腊军队展开了一场激战,这就是希波战争中著名的布拉底战役。

公元前480年9月19日,在萨拉米斯战役中波斯军队被希腊军队战败以后,波斯又重新部署军队,准备进行反击。当时波斯国王薛西斯仍有一支强大军队,向希腊发动新战争的企图仍然没有放弃。

公元前479年春天,驻守在狄萨利亚的波斯将领马多尼俄斯派遣使者去雅典,进行外交活动,想通过收买雅典来分化希腊同盟军。斯巴达政府面对波斯的分化活动深感不安,害怕雅典向波斯妥协。于是斯巴达也急忙向雅典派遣使节去活动。这样,在雅典同时就有波斯和斯巴达两国的使臣在与雅典商谈。波斯使者抢先提出与雅典合作的条件,只要雅典与波斯结盟,波斯王可以赦免雅典在希波战争中的罪过,归还雅典土地,并修复在战争中被波斯军队烧毁的雅典神庙。斯巴达的使者也向雅典表示,如果与斯巴达结盟,希腊同盟将保证抚养全部不能参战的雅典家属。在左右为难的情况下,雅典不得不表示:

"世界上没有那样多的黄金能够买动我们,……只要有一个雅典人活着,我们就绝不会和波斯王薛西斯缔结和约。但是,请求盟邦赶快出兵吧!因为敌人失败后,他们就会马上出兵来进攻我们的。"

波斯将领马多尼俄斯诱降失败后,就带领大军进攻雅典人。雅典看不到斯巴达的援军到来,又打不过波斯军,只好退出雅典,撤往萨拉米斯。当时斯巴达非常害怕雅典与波斯暗中结成城下之盟。因为要那样,波斯要继续攻打希腊联盟,这就不好办了。因此,斯巴达是死逼无奈,只好出兵去支援雅典。斯巴达军队的到来,迫使波斯军队放弃雅典城向北撤退,在撤出之前,放火烧毁雅典城。熊熊大火,滚滚浓烟,愤怒控诉波斯军队的罪行。希腊同盟军追赶波斯军,一直追到布拉底城郊并在这里扎营设防。

布拉底城在雅典的北部,地处平原,城墙坚固,易守难攻。这时波斯将领马多尼俄斯看到希腊同盟的援军不断开来,而自己带领的军队粮食补给发生困难。如果时间一长,就会难以支持,他不得已首先发动进攻,以期速战速决。

据说在当天夜里,寂静漆黑,兵营里空无一人。突然有一个骑着战马的人来到希腊兵营,悄悄告诉雅典将领说:"我是马其顿王,尽管我与波斯人为伍,但是……我是希腊人……告诉你们,马多尼俄斯决定明天开战,你们不要弄得措手不及。"说完,又扬鞭催马跑回波斯兵营。希腊同盟军得知这个消息,立刻行动起来，做好战斗准备。

第二天天刚亮，马多尼俄斯带领的波斯骑兵果然向希腊军队发动进攻。他们首先是射箭，接着是骑兵冲锋，即刻打乱了希腊军队的阵形。但是，希腊军队因为早知消息，所以迅速调整了混乱局面，他们把盾牌联排起来，保护身体，决心与阵地共存亡。希腊军队在乱箭飞啸，剑光闪闪中拼命冲杀，前面的士兵倒下，后面的士兵就跟上去，战斗极为激烈。在混战中，他们杀死了波斯统帅马多尼俄斯。马多尼俄斯战死的消息一经传出，波斯军队士气大挫，队伍顿时溃乱。这时，希腊军队乘胜追杀，几乎全歼波斯军。

还在布拉底战役之前，希腊海军就向东方进军。他们一直攻打到米卡尔海角，在伊奥尼亚人的支援下，俘虏并烧毁了大批的波斯战舰，于是，许多原来在波斯统治下的海岛，都纷纷加入希腊同盟。

布拉底战役，希腊胜利了。希腊从波斯蹂躏下完全解放了。从此以后，全体希腊盟邦，每年12月初都要在布拉底举行大会，庆祝他们的解放大节。

安菲波利斯战役

公元前422年8~9月间,雅典和斯巴达两大城邦集团之间,在爱琴海北岸的安菲波利斯城发生决战,这就是著名的安菲波利斯战役。

战争的导火线是由雅典和斯巴达同盟国成员科林斯争夺移民地引起的。科林斯的经济实力、海上力量虽然也很强大,但与雅典相比依然是难于相匹敌的。科林斯深感自己的力量不足,不得不向斯巴达求援。而斯巴达对雅典的军事强大早就深感不安,不过由于自己的后方不巩固,无暇参与就是。鉴于现在的形势,斯巴达担心丧失科林斯这个最重要的成员国,同意了科林斯的请求。

公元前428年,斯巴达同盟的重步兵进入阿提卡,雅典同盟、爱琴海东岸累斯博斯岛上的米提利及城邦又起来暴动。雅典的内部也发生分裂。在这紧张时刻,民主派领袖克里昂极力主张抗击斯巴达。在他担任雅典统帅后,把伯里克利的防御战略改变成进攻和侵略性的战争方案。

公元前425年,克里昂统帅把雅典舰队开进了伯罗奔尼撒一带,占领了皮斯港的门户斯法特里亚岛,还俘虏了一些斯巴达的贵族军。就在这时候，战争局势发生变化，斯巴达采取伯拉西达将军的主张，首先躲开雅典的主力，由伯拉西达带领一支2000人的精锐部队，横越希腊半岛，再向北挺进。经过急行军到达马其顿和色雷斯之间的卡西尔迪西半岛上。斯巴达统帅伯拉西达在这地方一面袭击雅典同盟及其殖民地，其中最重要的是安菲波利斯城。一面对那些愿意脱离雅典同盟的城邦给予自由和保护。在伯拉西达的策划下，大部分雅典同盟动摇瓦解。战争形势的恶化，使雅典人十分惊慌，不得不派出自己的主力军抗击斯巴达军。

公元前422年，雅典统帅克里昂立即征集1200人的重步兵和300名骑兵，还有一些同盟军，分乘30艘战船直奔卡尔西迪西半岛，登陆后分为水陆两路出击，顺利攻取托伦城，接着又取海道绕过阿托斯海角，直指安菲波利斯。同时又派使者去色雷斯及其同盟那里求援。雅典军驻扎在爱昂等待援兵。雅典统帅克里昂的打算是集中庞大兵力后，再包围安菲波利斯城，最后一举夺取全城。但由于部下未理解他的意图，对他按兵不动极为不满，士兵中出现骚动。在形势的威逼下，克里昂不得不改变主意，不再等待援兵，带领队伍向安菲波利斯进发。安菲波利斯城在斯特赖梦河的拐弯处，三面环河，自然形势极佳。城墙下有一条大道南通爱昂，其东面是一座小山。雅典军到达安菲波利斯后，占领了这座小山。统帅克里昂驻扎下来后，侦察了周围的地形，预想万一有意外情况发生，便于随时撤退。

当时安菲波利斯并没有设防，如果这时发起进攻的话，这座城不难被攻陷。

这时，斯巴达的统帅伯拉西达正带兵驻扎在爱昂西约10公里的阿吉拉斯。他得到雅典军进攻安菲波利斯的消息后，就亲自带领侦察兵去侦察。斯巴达人这时的兵力共有2000名希腊重装步兵，3000名希腊骑兵。另外有2500名同盟军、骑兵和轻盾兵。伯拉西达在侦察后决定派出1500名士兵据守阿吉,拉斯,防止敌人反扑。其余兵力迅速开往安菲波利斯。开始的时候，斯巴达的统帅伯拉西达对自己的军队也信心不足。他认为，在军队数量上虽说和雅典军队不分上下，但在素质上却大不一样。雅典军队是一支经过挑选的精锐部队。而斯巴达军队人员芜杂，装备落后。

如果与雅典军队发生正面冲突，斯巴达军队的这些弱点自然会暴露在敌人面前。因此必须出奇制胜，争取在雅典援军到来之前，发动突然袭击，一举把雅典军队击溃。为了达到这一目的，伯拉西达把兵力分为三部分，两部分兵力分别隐蔽在安菲波利斯城的南门和北门，另外一部分军容不整齐、装备不精良的兵力，由伯拉西达亲自带领，隐蔽在安菲波利斯城的中门。伯拉西达的打算是派中门的弱兵出城引诱敌人，使雅典军产生轻敌的错觉，等到时机成熟，进而出兵迎战。在双方交战时，另外两部分兵力就将打开城门，绕到侧后向敌人冲击，然后再三面出击，乱中取胜。

雅典军队驻扎在小山上,居高临下,对斯巴达军队的行动看得清清楚楚。城内虽然有隐蔽,也没能逃脱雅典军队的瞭望。克里昂在掌握斯巴达军队的情况后,心中有所犹豫,想主动进攻又没有带攻城器械,等待在敌人冲击后再抵抗,又担心兵力有限而吃败仗。犹犹豫豫,最后还是采取了等敌人冲击后再抵抗的方案。于是克里昂命令部队退回爱昂。

雅典士兵对退回爱昂的行动极为不满。在队伍调头时,军队士气消沉,行动迟缓,秩序混乱。各种兵器相互撞击,声音杂乱。斯巴达统帅伯拉西达对雅典这一切也了如指掌,一看战机已到,就一声令下出击。南门的士兵首先打开城门,沿着大道快速向前挺进,拦断雅典军的左翼队伍。雅典军左翼队伍只好沿山南撤,在撤退中又突然遭到斯巴达军队的意外阻击,队伍很快分散,失去控制。当北门的一部分斯巴达士兵从左翼冲过来时,雅典军队遭到来自两面的夹击,队伍更加混乱。走在前面的雅典左翼队伍遭到攻击后,立即溃败逃跑。斯巴达统帅伯拉西达又带兵转而集中攻击雅典军队的右翼。被包围的雅典军右翼队伍顽强抵抗,拼命反击。雅典军队集中在山上坚持反击,打退了斯巴达军队的三次进攻,使斯巴达军队难于前进一步。在冲击中,斯巴达军队统帅伯拉西达一马当先,率兵冲杀,结果在混战中被雅典士兵砍杀而死。斯巴达军队攻击被阻,不得不动用骑兵和轻盾步兵进行包围,用标枪远距离投射。雅典军队遭到标枪投射后无法抵挡,伤亡惨重,被迫溃散，死伤惨重，一部分逃回爱昂。雅典军队统帅克里昂也在退却途中被斯巴达士兵杀死。

安菲波利斯战役，交战双方损失的兵力并不算多，雅典军队牺牲600人左右，斯巴达军队损失了几十人，但双方的统帅同时阵亡，从而影响了战局。因此雅典和斯巴达都要求罢兵停战。公元前421年，双方缔结了50年和约，从此出现了新的和平局面。

锡腊库扎战役

从公元前415年起到公元前413年，雅典与斯巴达为了争夺西西里岛东部海边城市锡腊库扎，前后进行了两年激战，这就是历史上著名的锡腊库扎战役。

公元前415年5月，雅典军一切准备完毕，在阿尔西比阿德的带领下，精选134艘3层桨座的战船，130艘运输船，5100名重步兵，1300名弓箭手，还有30匹战马，组成一支阵容强大的远征军。此外还有许多商船跟随在军舰后面，浩浩荡荡出发。阿尔西比阿德的目标是占领西西里岛上的重镇锡腊库扎城，切断斯巴达和整个伯罗奔尼撒半岛的军需供应，然后再发展战果。可是就在即将扬帆西驶的前夜，竖立在雅典街头上的半身神像，不知被谁毁掉了。阿尔西比阿德的反对派乘机煽动群众起来反对阿尔西比阿德，阴谋陷害他。

6月，阿比西尔阿德带兵列队甲板，洒酒祭奠，告别乡亲，出港向西西里岛进发。雅典军进入西西里岛后，阿尔西比阿德采取了政治攻势和间接作战战略，顺利攻占了锡腊库扎北约48公里的卡塔那，并开始围攻锡腊库扎城。锡腊库扎城由于准备不足，城内一片惊慌，处在危机之中。然而由于一个意外的事件扭转了战局。就在阿尔西比阿德带兵出征之后，雅典召开公民大会，决定立即召回阿尔西比阿德受审。雅典派船去逮捕阿尔西比阿德。正在指挥战争的阿尔西比阿德听到这个消息后，十分恐慌，因而在回雅典的途中，趁人不注意上了开往伯罗奔撒的船只，逃往斯巴达。战争指挥由副帅尼赛斯担任。

交战双方都集结兵力准备会战。锡腊库扎人把全部重步兵摆成一个16列队的方阵，又把1200名骑兵配置在右翼。雅典军队因为没有骑兵，就把一半兵力摆成一个8列队纵深方阵作为先锋。在这方阵后面又把另一部分兵力组成一个空心方阵，作为预备队，随营人员放在中间。预备队的任务是随时准备援助前锋方阵的薄弱环节，对抗骑兵的攻击。会战先由弓箭手和投石兵的阵前交战揭开序幕，接着是两军重步兵的攻击，双方相持好久。正在这时，雷电交加，大雨滂沱，锡腊库扎士兵对此非常恐惧，而雅典军队则越战越勇，一部分兵力向锡腊库扎军队中央攻击，另一部分逼近左翼。锡腊库扎军队遭到攻击后，中央被击破，整个队伍被分成两段，慌忙逃跑，雅典军队紧追不舍，后来锡腊库扎军队的骑兵从右翼调过来，阻止了雅典军的追击，才使他们免遭全军覆灭的命运。

公元前414年5月，雅典统帅尼赛斯在卡塔那得到雅典650名骑兵的援助，随即开始对锡腊库扎的夏季攻势。雅典舰队利用夜晚突然在锡腊库扎城北海边登陆，迅速占领滩头。锡腊库扎军队赶来阻击，结果被打得大败，被迫逃回城里。而雅典军队步步进逼，甚至完全封锁了锡腊库扎的海面。情况万分紧急，西西里各城邦决定支持锡腊库扎，并研究制定新战略。锡腊库扎虽然在陆上取得主动权，为了最后消灭敌人，必须主动出击，夺取大港南郊的海军基地，夺取海上的主动权。锡腊库扎陆军占领普姆密里昂附近一带，同时派出全部舰队向敌人海军基地发起进攻。这样就把敌人火力吸引到海上来，然后掩护陆军发动猛攻，最后夺取海军基地。锡腊库扎军占领海军基地后，加强防御设施，在海底设置障碍，把一根根木桩钉在海底。雅典海军为夺取海军基地，他们用绳子拴在木桩上，用绞盘把木桩拉断，又派潜水员深入水下，把木桩锯断，然后派出第二批远征军。

　　锡腊库扎军得知雅典第二批远征军即将到达，便决定在远征军未到之前，发动一次海上攻势。吸取以往的教训，决定陆地海上同时进攻，从陆地佯攻，战斗在大港内进行。锡腊库扎军队深知雅典军队惯用的海上战术，是利用船身小、行动快的优势突然进击，于是改进了自己舰队的装备，使船头更加坚固，准备与敌人舰队撞击。

　　锡腊库扎军队改进装备后，在同雅典军队交战初，开始退却。雅典军队看到锡腊库扎军队撤退，误以为对方不想交战，于是返回阵地，水兵们也以为当天不会再发生战斗，都安闲无事，离船上岸。就在这时，锡腊库扎军队又驾驶战船突然向雅典舰队发起猛攻。雅典军队毫无防备，顿时大乱。锡腊库扎海军凭借坚硬船头，迅速向雅典海军舰船冲撞，水兵用标枪刺杀雅典水手。顿时，雅典海军7艘战船被歼，士气严重受挫。锡腊库扎海军取得了海上主动权。

公元前413年7月，雅典海军支援部队到达大港，共有73艘战舰，5000名重步兵，3000名弓箭手、标枪手和投石手，还有其他步兵，一共为1.5万人。大批援军的到来，使前线的雅典军队士气大振，进而趁机发动攻势。雅典军队首先攻击被锡腊库扎夺走的北部平原，接着又使用攻城器械，对北部围墙展开大规模攻击，但结果失败了。眼看胜利无望，雅典军准备秘密撤退。当雅典远征军将登船启航时，突然发现月食，士兵们认为这是个不吉利的日子，都拒绝上船。统帅尼赛斯也有同样想法，于是决定暂不撤退，等另选一个吉祥日子再启程。不料，尼赛斯这个决定很快传到斯巴达军队指挥吉利普斯那里，于是他连夜集中战船，向雅典海军基地发起攻击。雅典军队疲惫不堪，撤退没成反而损失了18艘战船，遂企图逃跑突围，但退路早被锡腊库扎军队封锁。

公元前413年9月10日，雅典的110艘战舰向大港外围突围，锡腊库扎海军立即迎头阻击，双方展开激战。在雅典的战舰接近锡腊库扎海军的封锁线时，锡腊库扎军的船只从两翼冲来，双方间展开厮杀。战舰互相撞击，水兵叫喊声连在一起，甲板上标枪翻飞、矢石如雨。近200艘战舰挤在这狭窄的海域中，一切正规的攻击都无法施展，双方都进退维谷，整个战场乱成一团。在这难解难分之际，锡腊库扎指挥官高声呼喊，为保卫祖国而战，为保卫家园而战，士兵斗志顿时高涨，勇气倍增，最后终于挡住了雅典军队突围。这场战斗，雅典海军损失50艘战舰，而锡腊库扎只损失26艘战舰。

雅典军队从海上突围失败以后，改为从陆路退却，结果全部被包围，最后大部分被歼，其余投降。雅典军队两次远征锡腊库扎，共出动4.5万多名海军，除7000名被俘外，其余全部战死。雅典统帅尼赛斯因此被处死。英国著名军事家称这是一次最大的军事行动，对胜利者说来，是光辉的胜利；对失败者来说，是整个的消灭。

琉克特腊战役

琉克特腊城是在希腊南部的底比斯城邦和伯罗奔尼撒半岛南部的斯巴达城邦之间。公元前371年7月8日，底比斯与斯巴达发生激战。

公元前4世纪，整个希腊到处是城邦之间，联邦之间的无休止的战争，其间又夹杂着不同方式的媾和。一场战争还没有结束，另一场战争又接踵而来。雅典帝国崩溃之后，霸权转移到斯巴达方面。因而斯巴达在这时的军事活动中一直是主要角色。公元前399年，在波斯人支持下，雅典、底比斯、科林斯组成反斯巴达联盟。斯巴达对这个联盟非常担心。后来雅典和底比斯又结成海上同盟，这对斯巴达更是实际威胁。公元前376年斯巴达出兵向底比斯示威，并要求底比斯立即解散同盟。底比斯毫不示弱，在基克拉迪群岛南部，两军展开海战，结果斯巴达舰队惨遭失败。

公元前371年，斯巴达为了报复，竟与底比斯展开决战。由于斯巴达军队强大，在数量和质量上都占有优势，许多城邦都认为底比斯是以卵投石，自寻灭亡。

公元前371年7月，斯巴达王带领大军大举进攻底比斯，企图一举把底比斯彻底毁灭。在斯巴达大军进入琉克特腊时，底比斯军队与之遭遇，于是双方列阵交战。

斯巴达军队采用了传统作战方法，平分兵力，一线摆开。把全部兵力分成3个部分，每个部分排成12列队。斯巴达兵配置在左翼，中央前面还配置了骑兵。这一作战方法的关键是保持完整的队形，使所有的手持长矛的士兵都同时向敌人阵营中冲杀，可一举击垮敌人阵营。

底比斯统帅巴密浓达带领6400人的军队，在一座小山附近列阵。他针对斯巴达军队作战方法的要害，采用了一种新阵法，即所谓斜形战斗队。其配备是，把精锐士兵组成的主力突击部队都集中在左翼，排成纵深50列的纵队，纵队后面是由300人组成的有名的"神圣战斗队"。右翼和中央的兵力则排成纵深8列的横队，中央阵线的前面还配备了骑兵。整个队形是一个左翼突出靠前，右翼在后的斜形的战斗序列，左翼阵地上的兵力具有绝对优势。目的是躲避一线兵力，集中突出主力去攻击、阻止敌人的正面冲击，打乱敌人的方阵，先击破敌人一翼，然后再扩大战果。

7月8日，战斗打响。底比斯军队首先发起进攻，左翼突击纵队在埃帕米农达的带领下，迅速向斯巴达军队右翼突击。斯巴达军队看见这种一面斜阵势，一时不知所措，士兵仍持长矛，高声呼喊向前。而底比斯军队左翼步步进逼，很快接近斯巴达军队右翼，交战开始。这时配备在左翼后方的"神圣战斗队"迅速迂回到斯巴达军队的右后方,中央阵线前面的骑兵也向斯巴达右翼迂回,从而对右翼的斯巴达军队形成三面夹击的形势。斯巴达军队右翼方阵受到三面攻击,虽然奋力还击,仍无济于事,阵势被击破,队伍混乱,纷纷后退。

底比斯军队在击败斯巴达右翼军队后,又转而支援中央阵线作战。中央阵线两军正在鏖战,斯巴达军队步兵占有优势,又有骑兵突击,使底比斯军队的攻击受阻。这时,底比斯左翼突击纵队及时赶来,形势急剧变化。斯巴达骑兵一见形势不妙,首先逃跑,其余步兵更是没法对付这强大的攻势而溃败下去。斯巴达军队左翼对这种新战术更是不知所措,他们看见两翼部队都溃败后,也不等交战就逃之夭夭了。底比斯人乘胜追击,结果斯巴达军队有1400人被歼灭,其余大部被俘,就连斯巴达国王和他的亲臣也在战斗中惨死。

琉克特腊战役,伊巴密浓达摒弃了以往奠定许多年来所谓的传统作战方法,他们的胜利应当说是新战术的胜利。这种战术为后来有名的马其顿方阵的创立奠定了基础。

曼蒂尼亚战役

埃帕米农达的父亲是一位家道中落的古底比斯贵族后代。埃帕米农达青年时期接受了优质的教育，他的音乐教师与舞蹈教师是同行中的翘楚。他的哲学导师吕西斯（在流放期间与埃帕米农达的父亲同住）是毕达哥拉斯学派的重要代表。埃帕米农达很尊敬他的哲学导师，并且对哲学产生了浓厚的兴趣。

埃帕米农达非常注重体能锻炼，在青年时期，他花费了大量时间为自己塑造健康的体魄，为将来的战斗作预备。公元前385年，在一次小冲突里，埃帕米农达冒着生命危险救出了他一生中最重要的战友派洛皮德，这使得两人成为管鲍之交，在以后的战斗里生死与共。在同一时期，他逐渐萌发灵活的战术运用与新战术的灵感。

埃帕米农达终身未娶，即使国民认为他应该义不容辞地养育一位与他同样伟大的儿子继续领导底比斯，也改变不了他的打算。虽然他总是解释说战争的胜利远比家室重要，然而，据一些史料记载，埃帕米农达是同性恋，因此终身不娶，这在古希腊并不罕见。

埃帕米农达终身在贫穷边缘生存，拒绝使用他的政治权力获取金钱利益。一些古希腊历史学家指出他具有廉洁的美德，并记载了他拒绝波斯使节贿赂的事迹。然而，又因为毕达哥拉斯学派的传统，他对朋友非常慷慨，并且推己及人。正因为美德，在他死后，人们对埃帕米农达评价甚高。

埃帕米农达生活在希腊与底比斯动乱的时代。正值伯罗奔尼撒战争结束，斯巴达着手在希腊世界建立强权统治，使得其原来的同盟与之疏离。底比斯在伯罗奔尼撒战争里大大提升了实力并寻求控制古希腊中部地区的希腊城邦。公元前395年，底比斯联合雅典、科林斯与阿戈斯在科林斯战争里与斯巴达对抗。这场相持了八年的战争，底比斯被斯巴达打败了几回。结果底比斯被逼放弃扩张计划，重新与斯巴达结盟。一些旧底比斯贵族被流放，其中就包括埃帕米农达家族。

在斯巴达军事管辖底比斯的时期，被新政府流放的底比斯人在雅典重新组织起来，并得到雅典人的支持，期望着重新夺回底比斯。他们约定由埃帕米农达组织底比斯城内的年轻人发动突袭。

公元前379年，一小部分流亡者，由派洛皮德带领，潜入底比斯城并刺杀由斯巴达扶植的政府的领袖。埃帕米农达领导一群年轻人抢占兵工厂，夺取武器并包围了驻在卫城的斯巴达军人，且得到了雅典重甲步兵的协助。在随后的底比斯议会里，埃帕米农达带着派洛皮德和手下来到众人面前，号召底比斯人为自由而战。结果议会将派洛皮德与其手下称为解放者。

因为惧于其声势，据守军事要塞的斯巴达人投降并撤出。而原来亲斯巴达的派系亦允许投降。不过大部分投降者随后被这场叛变的胜利者杀害。

琉克特腊战役以后，埃帕米农达全面控制了维奥蒂亚同盟，并强逼位于维奥蒂亚地区的前斯巴达同盟城邦奥尔霍迈诺斯加盟。公元前370年，斯巴达王尝试驯服其新加盟的桀骜不驯的同盟曼蒂尼亚，埃帕米农达决定借此时机入侵伯罗奔尼撒半岛并彻底粉碎斯巴达的霸权。他通过科林斯地峡的防御工事向斯巴达迈进，并分派队伍逼迫斯巴达的前盟友与其协同进攻斯巴达。

在阿卡迪亚，埃帕米农达解除了斯巴达军队对曼蒂尼亚的威胁，并仿照维奥蒂亚同盟的模式组织了阿卡迪亚联盟和监察着联盟首府迈加洛波利斯的建设。随后，底比斯军向南挺进，渡过了埃夫罗塔斯河，进入了斯巴达境内，其间没遇到任何抵抗。斯巴达无法雇用费用高昂的雇佣军作战，只得死守城内，任由底比斯与其同盟的军队破坏拉科尼亚（斯巴达所在地区）。

久攻不下的消耗拖累了底比斯军队，埃帕米农达只得暂回阿卡迪亚，但随即再度南进，这次目标是斯巴达控制200多年的麦西尼亚。埃帕米农达号召流亡于希腊各地的麦西尼亚人返回和重建其家园。失去麦西尼亚对斯巴达是重大打击，因为此地占斯巴达国土面积的三分之一。

在数个月内，埃帕米农达为斯巴达制造了两个新的敌人，重创了斯巴达的经济根基，破坏了斯巴达的威信。在完成了这些工作后，便领军凯旋。

公元前369年，埃帕米农达再次侵入伯罗奔尼撒半岛，但这次除了获胜外，更成功的使得西锡安与底比斯结盟。

尽管埃帕米农达功绩卓著，公元前368年，他却离开了权力中心，只扮演着普通士兵的角色，随大军向色萨利前进以解救派洛皮德。派洛皮德在出使该地时被该城统治者费莱阿的亚历山大禁锢。这次底比斯军的指挥官过于轻敌致使营救行动失败，为了保存实力，被迫撤回底比斯。回到底比斯后，埃帕米农达再次成为军队统帅并统领大军回到色萨利，以智谋取胜，不费一兵一卒便营救了派洛皮德。

公元前366年，底比斯召开和平大会，但却无法与反对其影响力扩张的城邦达成和平共识。结果和平谈判破裂，战事再起。

公元前366年春天，埃帕米农达第三次进兵伯罗奔尼撒半岛，欲取得亚细亚人的效忠，并建立亲底比斯的亚细亚政权。虽然没有敌军敢于在战场上挑战底比斯大军，但他于亚细亚建立的民主政权却十分短命，一个前斯巴达贵族很快便回到该地，重新建立了寡头统治的政府，并加强了与斯巴达的关系。

埃帕米农达在公元前362年发动了最后一次对伯罗奔尼撒半岛的入侵。战略目标是为了征服曼蒂尼亚这个阻碍底比斯在该地区扩张的势力。当他到达曼蒂尼亚后，埃帕米农达却接到很多斯巴达人到达曼蒂尼亚以协助其防御，而斯巴达本土却处于不设防状态的消息。为免错失时机，埃帕米农达立即转为向拉科尼亚高速进兵。斯巴达国王阿希达穆斯很快便接到这个消息，结果当底比斯军队到达时，斯巴达城已做好了防御。埃帕米农达于是认为敌人已将大部分兵力调回斯巴达，曼蒂尼亚的防御应会被削弱，旋即派出骑兵队进攻曼蒂尼亚，却被雅典的骑兵击败。埃帕米农达明白到若要维持底比斯在伯罗奔尼撒半岛的影响，一场重装步兵的大规模决战不可避免，于是他立即做出临战准备。

曼蒂尼亚战役是古希腊历史上最庞大的重装步兵战役，几乎每个城邦都参与了战斗。站在维奥蒂亚那方的有：泰耶阿、迈加洛波利斯与阿哥斯；而雅典、伊利斯与其他无数的城邦则支持曼蒂尼亚与斯巴达。双方均派出了20000至30000步兵参战。埃帕米农达将重兵集中在左翼，进攻斯巴达与曼蒂尼亚等同盟军的右翼。在左翼锋面上其布置了精锐骑兵队，以加强攻势。欲以骑兵进攻快速取胜并使得敌军方阵溃败。

这场战役如埃帕米农达预想的那样展开。强大的左翼迫使雅典与曼蒂尼亚骑兵后撤，并向敌军右翼的方阵进攻。在平常重装步兵战役里，这会呈现胶着状态，然而，底比斯左翼纵深远比斯巴达的右翼为大，所以敌方右翼很快便被击溃，并改变了整场战局。底比斯获得胜利，追击逃跑的敌军，然而此时埃帕米农达却受了重伤，并于不久后逝世。

　　埃帕米农达一生对军事的重要又伟大的贡献从战术角度来讲就是"集中兵力"。集中兵力就是根据作战意图，将分散配置或者分散行动的部队调集到指定的地域，在主要作战方向上形成优势兵力，以多击少，歼灭敌人。埃帕米农达是首次运用集中兵力思想作战的古代西方军事家。在他指挥的著名战役，琉克特腊战役中，埃帕米农达创新布阵，将主力置于左翼，排成五十列长纵队，后紧跟300人"圣军"作为预备队。中央和右翼排成8列短纵队，抵御对方中央和左翼的冲击。整个战队队形呈左翼突出靠前，右翼在后的斜状。这就是著名的，教科书式的"斜型战斗队形"。埃帕米农达依靠这一阵法将号称无敌的斯巴达军彻底击溃。

　　埃帕米农达的斜型战斗队形在世界军事学术史上有着无比重要的意义。恩格斯曾评价："埃帕米农达第一个创立了直到今天依然解决一切决战的伟大战术原则：不要沿正面平分兵力，而把兵力集中在决定性地段进行主攻。"此战术思想后被马其顿的亚历山大大帝进一步运用和发展。

科罗尼亚战役

公元前338年8月7日，在巴尔干半岛上的马其顿和希腊的反马其顿同盟，在希腊中部的科罗尼亚附近发生一场战斗，后世人们称之为科罗尼亚战役。

马其顿位于希腊半岛北部，原来是一个山国，很落后。在伯罗奔尼撒战争以后，他的经济、文化都得到较快的发展，很快成为希腊世界中的重要角色。腓力二世当政后，马其顿成为巴尔干半岛上最大的国家了。腓力二世首先削弱各部落首领和贵族的权力，解除他们的武装力量，把军队和政权集中在自己手里，并保证国王对军队的统帅权。

当年，腓力二世曾追随底比斯领袖伊巴密浓达南征北战，熟悉希腊情况，现在更处心积虑地计划征服希腊。公元前357年，腓力二世顺利占领安菲波利斯，接着又在很短时间内，占领了马其顿东部、南部沿海地带，既打通海上的出口，又控制这一地区的山林矿藏。

公元前352年，又向南进入色萨利。

公元前348年，继续南进，攻下了俄林土斯。俄林土斯的陷落，引起雅典的震惊。形势很明显，只有与腓力二世讲和，不能再战。公元前340年，腓力二世带兵出征赫勒斯逢特海峡，这就触犯了从黑海沿岸转入粮食的希腊城邦的利益。在新形势下，亲马其顿集团不得不重新考虑自己的意见，反对马其顿集团则欲乘机而动，企图阻止马其顿的外侵。

于是，马其顿集团与反马其顿集团之间形势紧张起来。反马其顿集团中的雅典，依靠自己的海上力量优势，在博斯普鲁斯海峡北岸的拜占庭附近，一举打败马其顿的海军。消息传开，雅典万民欢腾。但是马其顿并没有因此而气馁，进攻仍在继续。公元前338年春季，马其顿国王腓力二世，借口支援德耳法西部的安菲沙反对底比斯同盟破坏宗教事业，带领军队3.3万人向南挺进。并迅速地占领了重要战略要地温泉关。接着，又占领了帕纳塞斯山以东的凯洛尼亚。

马其顿的扩张气焰，迫使希腊各城邦的反马其顿同盟再次成立。在万分紧急关头，科林斯、梅加腊，以及雅典和底比斯等，都加入了反马其顿同盟，组成了反马其顿同盟军。

是年8月，这支同盟军共3万人，分成两路，在帕纳塞斯东西两侧分别封锁通往俄提亚的两条山路。东路是从凯洛尼亚到科罗尼亚，西路是由拉米亚向南经塞提纽姆到安菲沙。后来，听说腓力二世的军队准备沿东路突击时，同盟军的主要兵力又都转而集中在东路，准备阻击马其顿军队的进攻。

但是，老谋深算的腓力二世的战略是先消耗敌人的有生力量，然后再给敌人以决定性打击。因此他避开敌人的正面攻击，而继续深入希腊腹地。为此，腓力二世写了一封信，说他要沿凯洛尼亚返回色雷斯，并故意把这封信失落到反马其顿同盟军手里。反马其顿同盟军得信后信以为真，立即将西线全部兵力转移到东线，在马其顿军队必经之路摆开阵势。这正中了腓力二世的圈套，他率部从凯洛尼亚向西，再由塞提纽姆向南通过西线山间小路，再前进到玻俄提亚西部，直达安菲沙，一路畅通无阻。

反马其顿同盟军中了腓力二世圈套，马其顿军队迅速向后方深入。面临这一形势，反马其顿同盟军害怕起来，担心被截断后路，于是便立即向南撤退，追赶马其顿军。然而这时腓力二世又把部队从诺夫帕克托斯调转回来，由安菲沙经塞提纽姆，回到凯洛尼亚，从背后追击敌人。公元前338年8月7日，马其顿军队在科罗尼亚的东面追上反马其顿同盟军，于是双方迅速展开激烈战斗。

同盟军方面，右翼队伍由底比斯人组成，雅典军队配备在左翼，其他同盟军配备在中央阵线。马其顿军队，右翼由腓力二世指挥，左翼的骑兵由腓力二世的儿子亚历山大指挥，这是主力，担任突击任务。战斗开始，反马其顿同盟军依靠阵地，占据有利地形，采用防御战术，顽强抵抗。马其顿军队多次发起猛攻，都未能取胜。后来，腓力二世命令部队停止进攻，决定避免消耗，设法引诱敌人离开阵地，丧失有利地形的优势，集中兵力消灭敌人。腓力二世命令一部分战斗力不强的军队向同盟军发动进攻，但同盟军仍坚守阵地，拒不迎战。但是，当他们看到马其顿军队军容不整，不堪一击时，便起而反击。马其顿军队佯装败退，同盟军紧追其后，终于离开阵地。在同盟军进入平原时，亚历山大立即带领左翼骑兵向底比斯军队发起猛烈反攻，底比斯军队猝不及防，经过一番激战后，阵线被亚历山大冲破。这时，腓力二世也带兵出动，击破了雅典军队的阵线。接着，左右两路兵力向中央阵线夹攻。在科罗尼亚城下，战马飞驰，杀声震天，长矛挥舞，剑光闪闪。经过一场血战，马其顿军队终于突破了同盟军的防线，同盟军有三分之二被俘虏，1000多人战死，其余的落荒而逃。

　　这次战役，马其顿军队成功的采用了避开正面冲击，进行大胆地机动迂回战术，从而取得了胜利。

亚历山大大帝

亚历山大（公元前356年~公元前323年），是马其顿国王腓力二世的儿子，他少年时期受过良好的教育。著名的希腊哲学家亚里士多德是他的老师。他非常喜欢《荷马史诗》，崇拜诗歌中歌颂的英雄阿溪里，并在日常生活中模仿他。

亚历山大16岁的时候，就跟随父亲征战。在腓力二世指挥的著名的科罗尼亚战争中，亚历山大指挥马其顿右翼骑兵军队，担任重要的突击任务，勇敢地打败了反马其顿同盟军，立下了辉煌战功。他从儿童时起，就好大喜功，专横跋扈。据说每当听说父亲征战胜利消息时他就发愁，担心自己会因此而不能享受到征服世界的光荣。

公元前336年夏天，腓力二世在女儿的结婚盛宴上被波斯派来的刺客刺死，亚历山大继位。当时亚历山大才20岁。即位后的亚历山大果断地镇压国内各种反动势力，实行改革。他继承父王的遗志，组织远征东方。公元前334年亚历山大开始远征，借口是波斯人曾经蹂躏过希腊宗教圣地，又参与谋杀父王腓力二世。为了利用波斯统治下的埃及人和希腊人的不满情绪，他以解放者自许，许诺解放这些地方的居民。

亚历山大的军队，有步兵3万人，骑兵5千人，战舰160艘。他带领大军渡过赫勒斯蓬海峡，进入亚洲。在马尔马拉海南岸的格拉尼科斯河附近，和波斯军队首战。波斯军队虽然占据有利地势，严阵以待，而亚历山大不顾一切，带领一支骁勇善战的军队强行渡河，击败波斯军队，俘敌2000多人。这一胜利为亚历山大打开向小亚细亚进军的通道。公元前333年夏天，亚历山大军队在伊索斯城附近和波斯军队发生激战。波斯王大流士三世亲自带兵迂回亚历山大军队后面，利用有利地形，准备以逸待劳。亚历山大则集中优势兵力，以神速的行动，直捣大流士三世军队的中央阵线，使大流士三世军队立即溃散，大流士三世也随骑兵逃跑。公元前332年亚历山大继续向南进军，在推罗城遭到反击。亚历山大带兵经过7个月的围攻，终于攻陷这座城市。公元前332年后，亚历山大带兵进入埃及，在西瓦绿洲的阿蒙神庙举行了一次隆重朝拜仪式。据说阿蒙太阳神曾谕示他战胜一切敌人，成为全世界的统治者。他在那里修建了一座城市并命名为亚历山大。公元前331年春天，亚历山大带兵向东进发，经过巴勒斯坦、叙利亚，来到美索不达米亚，在加麦拉林与波斯军队决战。大流士三世用绑着锋利刀剑的战车来攻击马其顿军队。不料亚历山大事先做了部署，当波斯战车进攻时，让开一条通道，听任其穿越过去。波斯带刀剑的战车顺坡而下，疾驰而过，没有给马其顿士兵造成伤亡，反而遭到马其顿军队突然伏击。在亚历山大指挥轻骑兵猛烈攻击下，波斯军队乱了阵脚，溃不成军。

亚历山大军队势不可挡，继续向东挺进，深入到波斯腹地。马其顿军队走到哪里就抢掠到哪里，他们洗劫了巴比伦、苏萨和波斯波利斯王宫，抢夺无数的金银和财宝。亚历山大为了鼓舞战士英勇战斗，把财富奖赏给战士。他为报侮辱圣地的深仇，放火烧毁波斯王宫。不久，他占领了埃克巴坦那。为追捕大流士三世，他带兵过丛山峻岭和无人烟的荒原，最后到了巴克特里亚，逼迫巴克特里亚的总督杀死逃躲在那里的大流士三世。不久，亚历山大又擒获了巴克特里亚的总督，并以杀害自己君主罪名将他处死。这时，亚历山大又俨然以波斯王国维护者身份出现。

为了巩固被征服地区，在东方建立很多城堡，派兵驻守。

亚历山大深深知道，只依靠马其顿人、希腊人的军事力量，是靠不住的。随着征战的胜利，统治地区扩大，亚历山大越来越多地沿袭了波斯帝国的旧制度，选拔重用东方的降臣，招募当地居民补充兵员。亚历山大又采用东方礼仪，行下跪礼。很多人对此极为不满，但他坚持不改。为了推行东方礼仪，他对反对者进行了严厉制裁。如在战争中救过亚历山大性命的克利托斯，就因此被亚历山大在宴会上亲手杀死。还有老臣帕尔麦尼昂和他的儿子菲洛塔斯，也都因此而先后丧命。亚历山大用了一年的时间对他的帝国和军队进行改编，这是一次重大的改编。亚历山大从小认为希腊民族代表了唯一真正的开化民族，而所有非希腊民族都是野蛮民族。这是整个希腊世界的流行观点，甚至亚里士多德也有这种看法。尽管亚历山大已经彻底打败了波斯军队，但是他逐渐认识到波斯人根本就不是野蛮人，他们与希腊人一样具有智慧和才能，一样值得尊敬。因此他产生了融其帝国的两部分于一体的设想，由此创造了合二而一的希腊波斯民族共和王国，当然是他自己当最高统治者。据我们所知，他确实想让波斯人与希腊人和马其顿人结成同等的伙伴。为了实现这一计划，他把大量的波斯部队编入自己的部队，还为此举行了一次盛大的"东西方联合"宴会。在宴会上，几千名马其顿士兵同亚洲妇女正式结成夫妻。

公元前327年，亚历山大带兵离开中亚，向印度进发。当时印度北部是诸邦林立，彼此敌对。亚历山大用分化瓦解，各个击破的方法，很快占领印度西北广大地区，接着又向印度河流域进军。但因为长期征战，战士厌倦，又加上流行瘟疫，迫使亚历山大将大部分军队撤出印度。马其顿军队回撤，一路由海军将领涅阿尔霍斯带领，一路由亚历山大带领。公元前324年。海陆会师于巴比伦的奥皮斯城。近10年的远征，到此结束。在巴比伦，亚历山大正积极准备远征，企图征服地中海西部和南部地区，却意外地突然患恶性疟疾而病逝，年仅33岁。一代旷世英杰就这样英年早逝了。

亚历山大远征，建立了旷古空前的大帝国，其版图西起希腊、马其顿，东到印度河流域，南到尼罗河第一瀑布，北到荷杀水，首都设在巴比伦。

亚历山大大帝国是在武力征服下建立起来的，随着其创建者的死亡，帝国也就很快崩溃了。

培利亚战役

公元前335年8月，马其顿与巴尔干半岛西部的伊利里亚在培利亚发生了一场战争。

马其顿国王腓力二世被刺身亡以后，他的儿子亚历山大立即宣布继位。当时，年轻的亚历山大已经受到很好的教育，很有军事指挥天才。他上台后，无情地镇压了宫廷中的政敌，收复了分裂出去的色雷斯和伊利里亚。

公元前335年春季，亚历山大带兵进攻色雷斯。战斗开始时，色雷斯人看见马其顿军队冲上来，立即从希马斯山上把车辆推下去。企图以此来冲乱马其顿军队的方阵，但对此马其顿军队早有防备。马其顿士兵散开队形密切注意车辆冲击的方向和路线。他们发现车辆忽而向左，忽而向右，于是迅速躲开车辆的冲击。当遇到来势太猛时，士兵就迅速伏在地面上把盾牌盖在身上，让车辆从身上滚过去。由于坡陡车辆速度快，车辆从盾牌上飞速而过，士兵并无一人被压死。马其顿士兵在躲过车辆后，又从地上爬起，继续冲击。马其顿军队方阵步步逼近，色雷斯人便扔掉武器逃跑，最后被全部消灭。

亚历山大又带兵向北进攻特利巴利人。马其顿军队在一条河畔的峡谷中与特利巴利军相遇。谷中林密草深，难以攻击。于是，亚历山大就把方阵改成纵深队形，准备把特利巴利军队引诱到开阔地上来，再与他们交战。亚历山大命令弓箭手和投石手，都集中在峡谷口处，向敌人射箭投石，同时在投石兵的后方，展开方阵并加以隐蔽，骑兵担任两翼的掩护。战斗打响，霎时箭石齐飞，特利巴利军队发现这些弓箭手身边别无利器，也没有其他部队相助，于是一拥而上，准备与马其顿军兵展开肉搏。可是，马其顿立即退却，把特利巴利军队引出了峡谷。这时，骑兵从两翼同时出击。亚历山大带领步兵方阵从正面压过来。特利巴利军队至此方知中计，急忙调头往峡谷逃去。马其顿军队紧追其后，最后全歼了特利巴利军。

与此同时，亚历山大听说伊利里亚人准备在培利亚城袭击马其顿军队，于是带兵向西沿着埃瑞贡河直奔培利亚。培利亚城居高临下，山陡林密，道路狭窄，易守难攻。这里是控制埃瑞贡河和通往马其顿西部的关口。马其顿军队到这之前，伊利里亚人早已严阵以待。亚历山大随即命令部队向据守城外的伊利里亚军队发起攻击，并取得胜利。可是，接着伊利里亚骑兵又发起反击，重新占领阵地，马其顿军队损失惨重。马其顿军队面对伊利里亚军队的新威胁，改变了作战方案，部队在城外扎营，修筑围墙，深沟高垒。同时又派出一支小分队在骑兵的掩护下，补充给养后再对培利亚城实行围困。但是，马其顿军队刚刚出发，伊利里亚军队就跟踪而来，从后面发起袭击。亚历山大带兵营救，才免被消灭。

　　8月的一天，马其顿军队来到埃瑞贡河战场，在接近山林的高原上，摆开了一个120列纵队方阵，在方阵两翼各有骑兵200人，士兵们手持各种兵器，傲然挺立，骠勇威武。不一会，亚历山大下令，首先是骑兵表演，接着是方阵步兵表演，各种队形变化整齐，刺杀动作一致。只见整齐的方阵长矛闪光，刺杀阵阵，一排排长矛左刺右刺，又在空中前后飞舞。这时守卫在山上的伊利里亚军队看见马其顿军队的精彩表演，整个队伍调动灵活，纪律严明，许多人无不兴趣盎然，忘乎所以。正在伊利里亚军队兴趣正浓时，亚历山大突然下令进攻。顿时，马其顿军队杀声高喊，长矛如林，向伊利里亚军队冲去，伊利里亚军队遭到意外的攻击，惊惶万状，有的抵抗，手忙脚乱；有的逃跑，慌不择路。但培利亚城仍在伊利里亚军队手里，马其顿军队无力围攻，只好采取智取。亚历山大又命令军队撤出夺取的阵地，渡过埃瑞贡河向对岸撤退，隐蔽在小林中。伊利里亚军队以为马其顿军队不会再来，因而疏忽大意，队伍宿营在培利亚城外，既无健全的防御阵地，又未严格设立哨兵制度，防线漫长，戒备松懈。马其顿军队很快侦察到这一情况，亚历山大带领近卫军步兵以及同盟军和弓箭手立即出发。在黑夜掩护下，又向伊利里亚发起攻击。正在睡梦中的伊利里亚人一部分被杀，其余的纷纷逃跑，而逃跑途中又遇到亚历山大军队的追赶。结果又被杀。伊利里亚军队首领逃回培利亚城，发现城内居民已经跑光，他竟放火烧毁了培利亚城。

　　培利亚城战役。是马其顿和伊利里亚之间争夺一城的役，不是什么大战役，但是就其作战战术来说，巧妙运用兵不厌诈战术是非常成功的。

格勒奈克斯战役

公元前334年6月，在马其顿同盟军东征期间，于马尔马拉海南岸的格勒奈克斯河上与波斯发生一次战争，这就是史上所说的格勒奈克斯战役。

自从希腊与波斯战争结束后，波斯帝国处于岌岌可危境地。公元前336年，大流士三世被拥上王位，波斯帝国更处于深重的内外危机之中，濒临崩溃的前夕。它的西部小亚细亚、腓尼基、埃及等属国，都想脱离波斯统治。争取独解放。马其顿同盟军就在这种情况下，开始远征波斯。

公元前334年春天，马其顿向波斯宣战，其借口是波斯人在于希腊战争时曾蹂躏希腊圣地，后来波斯王又阴谋策划谋杀亚历山大的父亲腓力二世。这不共戴天之仇，马其顿人一直耿耿于怀，无时不想加以报复，同时要解放那些受波斯奴役的西亚各部落民族。亚历山大带领希腊与马其顿的军队开始远征波斯。这支队伍共有3万名步兵，5000名骑兵。步兵中有轻装部队，还有弓箭手，马其顿方阵兵和希腊同盟军，另外还有一些雇佣兵。大军浩浩荡荡，组织严密，纪律严明。

马其顿的远征军从珀拉出发，沿着海岸向东进，在塞斯托斯一带渡过赫勒斯蓬特海峡。为了深入波斯内地。首先把前进路上的障阻扫清。马其顿军队就在阿比杜斯沿岸向东消灭左面的敌人。这时，在马尔马拉海南岸的格勒奈克斯河上。大约有2万多名波斯骑兵，5000名步兵和一些希腊雇佣兵，由波斯将领门农指挥。他们正在大肆破坏，企图阻止马其顿远征军前进，使马其顿远征军在这里无法立足。当然，波斯将领门农也深知自己带领的军队没法打败亚历山大带领的马其顿远征军。因此门农不与马其顿远征军正面交战，而是迂回消耗敌人力量，诱敌深入后，再展开决战，坚决迅速歼敌。马其顿军队副统帅帕曼纽猜到门农的意图，于是立即就地扎营，不急于展开攻击。帕曼纽认为格勒奈克斯河岸陡峭而险峻，当时河正涨水，很难涉渡，尤其在涉渡时又容易被敌人乘机袭击。如果渡河失利，对战争全局影响很大。但是，亚历山大没有同意这个意见，他下令立即渡河出击。亚历山大带领远征军到达格勒奈克斯河，迅速摆开战斗列阵。整个阵势分成三部分，中央配备的是马其顿军队；左翼配备的是近卫步兵、骑兵、弓箭手，这些由帕曼纽指挥；右翼配备有同盟军的骑兵希腊联合骑兵，亚历山大亲自指挥这支队伍。

波斯军队也摆开作战势阵。他们也传统地把军队分成三路，沿着河岸排列，平分兵力，形成一条很长的方阵。步兵和希腊雇佣兵配置在骑兵的后面。波斯军队占据有利地形,居高临下,对马其顿的军队布置配备一目了然,于是集中强大的兵力于左翼,企图一举突击亚历山大亲自带领的右翼军队。

两军对峙很久,隔河相望。到了6月,亚历山大有些沉不住气,他先命令先锋队伍渡河。在马其顿军队刚刚到达对岸时,波斯军队立即反击,标枪排箭如雨点般向马其顿士兵射来。于是在双方河岸上,展开激战。马其顿士兵力图登岸,波斯军队全力阻止。波斯军的标枪如滂沱大雨,铺天盖地而来。马其顿军队的长矛如万条金蛇,乱刺乱扎。当时马其顿军队有一部分仍在渡河之中。最后,马其顿军终因地势不利,又寡不敌众,而致登陆失败了。

但是,马其顿军队作战经验丰富,他们先锋部队吸引住波斯军队。就在双方激战时,马其顿的右翼部队吹响了进攻的号角,在亚历山大的带领下,高呼口号,迅速冲向河中并很快靠近河岸。波斯军队看见亚历山大的骑兵出现,他们也动用骑兵前来应战。这样,双方骑兵开始交战。战场上一时战马冲撞奔腾,战士相互拳击脚踢,登岸和反登岸的一场激战难解难分。但是战局渐渐地发生了变化,马其顿军队纪律严明,士气高昂,他们的长矛对波斯士兵的短剑,逐渐显出优势。这时波斯的战斗目标是杀死亚历山大,所以,集中兵力强行攻击。马其顿军队面对波斯军队的围攻,统帅亚历山大和他的近卫兵也奋力厮杀。搏斗中,亚历山大的长矛折断,正和卫士换用时,卫士的长矛也折断了,而波斯士兵正在向他步步逼近,危急万分。突然一个扈从把自己的长矛递给亚历山大,亚历山大刚接过长矛,波斯的一个将领就带骑兵冲来。说时迟那时快,还没等波斯将领站稳,亚历山大一枪就把挑下马来。此时,又一位波斯将领随后举刀朝亚历山大的脑袋砍来,亚历山大一时躲闪不及,头盔被砍掉一块。亚历山大随即转过身来,一枪穿透波斯将领的胸部,扎进心窝。此时,在亚历山大背后又来了一位波斯将领,正举起寒光闪闪的大斧向亚历山大劈来。一名马其顿士兵见此情景,手疾眼快,冲上前去,一刀砍断了那波斯将领的手臂,救了亚历山大一命,激战中马其顿军队全部渡过了格斯奈克斯河,他们在亚历山大周围投入战斗,解除了亚历山大的危险处境。

波斯军队在激战中,丧失了3位将领,骑兵失去了胜利信心和战斗勇气,又看见马其顿士兵长矛如林的阵势,愈加惶恐,想要撤退。不料后面的步兵又挡住了骑兵的退路,一是骑兵和步兵混杂在一起,乱作一团。马其顿军队乘机出击,波斯军队纷纷逃跑。于是马其顿的方阵步兵从正面展开攻击,骑兵从侧面发起进攻,他们从四面八方把波斯军队层层包围起来。被包围的波斯军队除了2000人被迫投降外,其于全部战死。

在格勒奈克斯战役中，马其顿的骑兵发挥了决定性作用。尽管战斗双方死伤士兵数目没有准确记载，但对波斯军队来说，主要损失的不是士兵而是将领，10位将领在战斗中牺牲，这对波斯人来说，确实是无法弥补的。格勒奈克斯战役胜利，为马其顿人进入小亚细亚创造了条件，为亚历山大向南进军奠定了基础。

伊苏斯战役

在叙利亚北部的海上城市伊苏斯附近，曾经发生过亚历山大东征期间的四大会战之一的伊苏斯战役。那是在公元前333年10月。

亚历山大带领希腊马其顿军队，从公元前335年春天开始远征波斯，经过一年多时间，先后战败了波斯人在小亚细亚地区的军队，占领了沿海地带，控制了那里的海域，并巩固了在小亚细亚地区的统治。

公元前334年深秋，马其顿军队到达小亚细亚中部的戈尔狄翁，追歼在那里的波斯的哈里卡那萨斯残敌，然后队伍休整，准备给养，以便过冬。第二年春天，马其顿又调来3000名步兵和650名骑兵支援。亚历山大对这支队伍做了调整，接着又带领3万大军，从戈尔狄翁出发，向安基拉前进。军队经过艰苦行军，爬高山，过丛林，到达了西里西亚关口，并顺利的占领索利。之后，沿着海岸向叙利亚挺进，于9~10月间到达现在的亚历山大城。而这时，波斯国王大流士三世正集中兵力驻扎在索契，准备迎战马其顿军队。大流士三世占据索契附近平原，这里对数量多装备精良的波斯军颇为有利，对骑兵的调动也极为方便。但是，马其顿军队迟迟未到，大流士三世很沉不住气。10月底，大流士三世听说马其顿军队已经到达亚历山大城，于是就带领军队向亚历山大城前进，他率部队从索契向西过山隘口进入伊苏斯，杀死在那里的马其顿伤员，第二天退到北部皮拉穆斯河北岸，准备设防驻扎。这里东面是高山，西面是大海，波斯军队只能驻扎在海边狭窄地段。

　　亚历山大得知波斯军队已经绕到自己的后方，就派出一支队伍乘快艇从海上进入伊苏斯湾侦察，然后他与诸将领研究作战方案。他分析了双方条件后，认为，波斯军队人数多，但长期沉浸在舒适享乐之中，士兵为拿钱而卖命；同时，大流士三世的队伍正驻扎在狭窄地段中，这是不利于作战的绝境。这种地方，波斯的骑兵、标枪手、弓箭手也无用武之地，百万雄师不能发挥其神威。如果在此地与波斯军队决战，只能是大流士三世拱手把胜利奉送给我们马其顿部队。亚历山大先派出一支骑兵去侦察通往伊苏斯的道路。摸清情况后，在夜幕降临时，带领队伍沿大路北上。在路上马其顿军队一边行军，一边调整队形。到达沿海开阔地时，纵队变成了战斗横队前进。右翼一直延伸到山坡上，由副帅帕曼纽的儿子尼卡诺指挥。左翼由4个营组成，为防止敌人从侧面迂回包抄，队伍一直靠近海边，指挥是副统帅帕曼纽。参战兵力共有2万多名步兵和5000多名骑兵。

　　大流士三世针对马其顿军队，也派出3万名骑兵，2万名轻装步兵，在皮拉穆斯河南岸作为阻挡敌人的先遣部队。其余部队在皮拉穆斯北岸摆开战斗队形，3万雇佣兵配备在中央，用来对付马其顿军队方阵。6万名青年兵由弓箭手掩护，分别配备在左右两翼。在左右两翼的前方蜿蜒曲折山坡上部署了2万名轻装步兵，右翼靠海边又设置了障碍物。大流士三世认为，马其顿军队主力是方阵，因此必须避开主力，集中兵力突破攻击左侧，然后从侧面和后面攻击马其顿军队的方阵，进而消灭之。

亚历山大对波斯军队的配备情况完全了解，因此就立即从右翼调集一部分骑兵，用以增加左翼力量。他还派出一部分近卫骑兵、长枪骑兵和弓箭手，在右后方的山地沿线展开，防止波斯军队从小山上进行侧面袭击。为肃清右翼山上的波斯兵，又从中央方阵中抽调出一部分部队，分两路包抄了波斯军队占领的小山，把他们驱赶到山下。最后只留下300名骑兵作监视，其余的兵力都用于加强右翼兵力，集中冲击波斯军队的左翼，然后再从侧面向波斯军队中央阵线发动进攻。

一切准备妥当，马其顿军队向皮拉穆斯河边接近，波斯军队在河边列队迎战。交战开始，亚历山大一声令下，右翼军队迅速前进，向皮拉穆斯河边猛扑。霎时喊声四起，以雷霆万钧之势向波斯军队冲过去，企图用威势压制波斯军，使波斯军队造成心理恐怖。波斯军队在马其顿军队的压力下，弓箭手失去战斗力，慌忙逃跑。而后面的步兵还没来得及躲开，竟与弓箭手相撞，结果顿时出现人撞人，人挤人的混乱局面。马其顿军队乘机冲杀，使波斯军队左翼部队很快溃败。

因为亚历山大带领右翼骑兵加快速度前进，方阵右面的两个营也跟随向前冲锋，而中央方阵的其他几个营前进缓慢，加之河边地势陡峭，很难与右翼的两个营保持完整队伍。结果让波斯军队发现了方阵中出现缺口，并迅速地穿插进来。马其顿军队立即展开反击。波斯军队决心利用马其顿军队的缺口并扩大战果，把马其顿军队赶回河的对岸，把左翼失去的阵地再夺回来。马其顿军队当然也不甘心失败，他们奋力战斗，拼命厮杀，但终于因为地势不利，而造成重大损失：有一位军官和120名士兵牺牲，使马其顿方阵左翼受到威胁。正在这时，亚历山大带领右翼骑兵神速赶来，从侧面和后面向波斯军队发起进攻，才确保了右翼方阵的安全。

与此同时，马其顿军队的左翼也展开进攻，与波斯军队进行殊死的决战。波斯骑兵凶猛地冲过皮拉穆斯河，向马其顿军队冲击。在波斯军队攻击面前，马其顿军队的抵抗也顽强异常，寸步不让。但是，波斯国王大流士三世见此情景却吓破了胆，他不顾整个战局，丢弃全军独自逃跑。正在激战的波斯士兵，看见国王逃跑，就停止进攻并转而撤退。在撤退途中，波斯军队惊恐万状，人马在路上拥挤，各种作战物资又堆在路上，致使许多士兵被践踏而死。突然，波斯军队的中央方阵士兵也不战而败，马其顿军队紧追不舍，许多波斯士兵被杀死，直至深夜，亚历山大才命令收兵回营。

　　第二天，亚历山大顺利地占领了波斯军队营地，俘虏了大流士三世的母亲、妻子和女儿，还有无数的财宝。这次战役，亚历山大用3万军队战胜大流士三世的16万大军，一方面靠的是精良武器和正确的战术，另一方面也与波斯王的昏庸无能，贪生怕死，临阵逃跑有关。

提尔战役

在地中海的东岸有座提尔城,公元前332年1月至7月,马其顿军队和腓尼基军队在这里展开一场陆海大战。

公元前333年秋天,伊苏斯战役中,波斯军队被马其顿军队战败以后,亚历山大没有去追杀大流士三世,而是向波斯帝国的腹地巴比伦进军。当马其顿军队推进到腓尼基港口提尔城时,却遭到坚决抵抗。提尔城坐落在一个海岛上,扼地中海东部交通要道,战略地位非常重要。这座城周围有坚固的城墙,又掌握着大批战船,控制着这一带海上的制海权。公元前332年1月,马其顿军队向提尔城发动进攻,但因为没有海上舰队,无法取胜。马其顿动手修筑一道堤坝,直通提尔城。但堤坝接近提尔城时,受到城内腓尼基军队的抵抗。为此马其顿用兽皮做成木塔,推到坝上来掩护修坝工程进行。提尔城守军不断反击,使马其顿军队筑坝进程受阻。亚历山大深知,眼前的战斗,不掌握战船,不控制海面,单靠陆上作战,要想攻克提尔城,那是绝无可能的。为了战争胜利,必须使整个战争在陆上进行,同时配备战船在海上跟随其后。因此,亚历山大决定亲自带领一部分兵力去西顿和其他地方搜集战船,同时又加宽堤坝，建造很多木塔和擂石器。经过努力，他组建了一支有150艘战船的海军，又加上前来投奔的塞浦路斯国王带领的120艘战船，从而使海军力量得到加强，掌握了制海权。后来伯罗奔尼撒又派4000名希腊雇佣兵来支援，进而使马其顿的力量更加壮大。经过这一系列充分准备，亚历山大决定第二次围攻提尔城。

7月的一天，提尔城10艘满载装备精良水兵的大船，如同往常一样摇橹，向塞浦路斯舰队方向前进。塞浦路斯海军一点也没有察觉，一个个如往常一样，下船去吃饭。就在这时，提尔人突然奋力划桨，全速向塞浦路斯舰队冲过去。塞浦路斯舰队受到突然攻击，许多战舰被撞坏而沉没，担任警戒的水兵立即发出警报。亚历山大正在岸上吃午饭，听到警报后，立即命令腓尼基舰队加强防守防止敌人袭击南港。又带领一支战船去北港，支援那里的塞浦路斯舰队。城头上的提尔人看见亚历山大出战，就发出信号催促他们的舰队撤回。但提尔人的舰队早已陷入混乱中，在一片震耳欲聋的嘈杂声中，既听不到撤回的召唤声，又无法撤回他们的战舰。当他们听清撤退信号，亚历山大的舰队已经逼近，已来不及再战，只好掉头向港内逃跑。但是早已被马其顿的战舰从左后方冲过来拦住了退路。提尔人舰队遭到亚历山大舰队的冲击，结果失去战斗力。

海战胜利，使马其顿军队深受鼓舞。攻城船在提尔城南面港口附近轰塌了一处城墙。亚历山大命令继续攻击，扩大突破口。提尔人全力保护突破口，从而造成其他地方兵力空虚。塞浦路斯舰队和腓尼基舰队向南北两港同时发动攻击，另外一部分战船装擂石器、石弹和弓箭手。围绕城周围航行机动攻击，使提尔人感到处处受敌，四面遭攻击。在马其顿军队全面攻击下，突破口打开了，由近卫部队组成的突击队立即冲上去。紧接着亚历山大也带领军队冲上去，打退了敌人，占领城墙突破口，夺取城楼和障壁。

与此同时，马其顿军队的攻城船，在绕城来回行驶，时而攻击，时而转移，处处打击提尔人，使他们防不胜防。南北两个港口的战斗也在紧张进行。此时，马其顿军队已经进入城内。提尔人见大势已去，大都退入皇宫，占领一圣陵企图坚守。亚历山大带领近卫兵发起进攻，从南北港口进攻的突击队和攻城船上的步兵也已攻入城内，控制了整个城市。

经过7个月的围攻，提尔城终于被攻陷。提尔城战役是一场血腥大屠杀，战场变成一片血海，8000名提尔人战死在血泊中，3万人被卖为奴隶，这个富裕城市被洗劫一空。而马其顿方面只牺牲400名士兵。这次战役，马其顿海军摧毁了波斯海军的基地，波斯海军濒于灭亡。

高加米拉战役

在底格里斯河上游的高加米拉，是亚历山大东征波斯时著名的古战场，这次战争发生在公元前331年1月。

公元前333年10月，波斯国王大流士三世在伊苏斯被亚历山大战败以后，逃到美索不达米亚地区。第二年秋波斯军队又吃败仗，大流士三世企图与亚历山大讲和，割让土地，但遭到亚历山大的拒绝。大流士三世又做了新的努力，组建成一支强大军队，准备击败亚历山大。因为要想战胜亚历山大并非易事，为了对付马其顿的方阵兵，大流士三世大量征募骑兵部队，兵器也由原来的短剑改为标枪和新式的短矛。他又组建了一支拥有200辆装有镰刀的战车车队，用以对付马其顿的方阵兵。

公元前331年春天，马其顿军队由提尔那里，修整了队伍，任免了军需和作战指挥员，溯阿西河而上，继而东渡幼拉底河和底格里斯河。公元前331年9月24日，马其顿军队的搜索队报告发现波斯骑兵。原来波斯国王大流士三世带领大军驻扎在高加米拉附近平原上。这支军队有4万骑兵，100万步兵和200辆装有镰刀的战车，另外还有15只战象。波斯军队在这里修筑工事，是为了发挥骑兵和战车的威力。

亚历山大也做好了物资准备。在9月29日夜，他带领队伍在波斯军的正面扎营。接着，亚历山大带领轻装步兵和骑兵对大流士三世的部队和整个战场进行了周密全面的侦察。

大流士三世知道了马其顿军队已经逼近，立即命部队做好战斗准备。他把整个队伍排成前后两个阵势，前面阵势的左右两翼由各部落的御林军和骑兵组成。此外在左翼还配备100辆装有镰刀的战车，右翼配有50辆战车，中央方阵由波斯皇族队伍的步兵、弓箭手和骑兵混合组成，由大流士三世亲自指挥。方阵的两翼紧靠印度波斯骑兵，整个阵势前面还配备15只战象和50辆战车，后面阵势几乎全是由步兵组成。波斯军队摆好阵势后，由于正面没有堑壕保护，同时又担心马其顿军队在夜间袭击，所以士兵全副武装整整站了一夜，第二天整个队伍战士都很疲劳。

马其顿军队也采取了相应的对策，在两翼分别配备骑兵和轻装步兵，左翼骑兵由副统帅帕曼纽指挥，这是一支骑兵中最精锐的队伍。右翼由皇家中队和联军组成，由帕曼纽的儿子担任指挥。在左右两翼的两侧又设立了两个侧卫，构成防御态势，用以应付波斯军可能从侧面或后面发动的攻击。中央是马其顿方阵，由亚历山大亲自指挥。这部分兵力在战斗打响后，分别支援两翼骑兵作战。另外，在马其顿方阵后面还部署一个后方方阵，与两翼侧卫构成一个中间留有空隙的大方阵，以应付中央方阵出现缺口和从后方上来的波斯兵。

10月1日早晨，两军渐渐接近。马其顿军队不向波斯军队进攻，而是向右斜方向移动，佯装攻击波斯军队左翼。大流士三世不知这是亚历山大的花招，也指挥队伍向马其顿军队的右翼移动，以致使自己的部队走出自己修好的阵地，战车也失去作战作用，大流士三世很快发觉是上了当，立即命令骑兵绕过马其顿右翼，阻止他们继续向右延伸。亚历山大看出了大流士三世的意图，迅速出兵阻拦，但是被波斯骑兵击退。接着双方都出骑兵交战，一场近距离的骑兵会战开始了。因为波斯骑兵在数量上占优势，加之骑兵和马匹都有铠甲护身，结果使马其顿骑兵失利。即使这样，马其顿军队英勇奋战，还是挡住了波斯军队的攻击。于是波斯军队又出动战车，企图冲散马其顿方阵。

战车一出现，马其顿方阵前的标枪手、弓箭手立即迎战，他们用标枪和排箭截击战车，拖下车夫，杀死马匹，顶住了波斯军战车的进攻。接着，大流士三世和亚历山大又展开骑兵战，波斯方阵兵出现，骑兵绕过敌人的右翼，迂回插向后方，包围马其顿军队。正在此时，亚历山大发现波斯军队中央和左翼之间出现了空虚，立即出动精锐骑兵组成突击队，亲自带领发动攻击，一举击溃了波斯军。这时大流士三世看见这可怕的战局，吓得魂飞魄散，弃兵逃跑。群龙无首，波斯军全军乱了阵脚，而亚历山大越战越勇，经过几次冲锋，不到一小时的战斗，庞大的波斯军全线溃败。

战斗结束，马其顿军队占领波斯营地，缴获了运输队及战象等战利品。而大流士三世则连夜逃往米地亚首府埃克巴塔去了。

赫达斯庇战役

公元前326年6月,在印度河上游的支流赫达斯庇河上,亚历山大统帅远征军与印度军队展开了一场激战,这就是著名的赫达斯庇战役。

公元前330年,马其顿大军灭亡了波斯帝国,亚历山大带领大军继续远征。

公元前326年6月初,马其顿军队到达赫达斯庇河。亚历山大首先向印度王波鲁斯发出通牒,要求他亲自来向亚历山大投降称臣。结果波鲁斯坚决拒绝,于是这场战争就不可避免了。

波鲁斯军队隔河设防,分兵把守,阻止马其顿军队前进。雄心勃勃的亚历山大决心要征服印度,但他深知波鲁斯已在河对岸坚固设防,戒备森严,是无法轻易渡过的。他心生一计:把马其顿军队分成几部分,在河岸上同时向不同方向来回运动,使波鲁斯难以捉摸马其顿军队的真正意图。亚历山大自己则带领一支兵力乘机侦察一切可能的渡口和登陆场所。当时正值夏季,大雨滂沱,高山积雪融化,赫达斯庇河水暴涨,水流湍急,马其顿军队的频繁调动,使波鲁斯产生错觉,以为马其顿军队已经被洪水阻隔，无法渡河。然而，亚历山大一面拉开一个长期驻扎的架势，一面利用皮筏侦察河道情况，暗中窥伺，以便选择最适宜地点和时间，击其不意地偷渡。亚历山大发现在河的上游30公里转弯处有一个拐角，拐角对面有一个小岛。那里森林茂盛，人迹罕至，便于隐蔽，适于渡河，便决定选择这里作为渡口。

为了保证渡河成功，亚历山大命令骑兵每天夜间都在河岸上故意高声喊叫，来回奔跑，制造乱哄哄、吵吵嚷嚷的局面；同时点燃篝火，设置岗哨，摆出渡河样子。波鲁斯不知是计，急忙派兵带着战象，沿着自己河岸的防线，随着马其顿军队来回奔跑，以便随时阻止敌军渡河。经过好几夜的折腾，马其顿兵没有渡河，于是波鲁斯就放松了警惕，只是让哨兵沿岸监视。这时，亚历山大认为时机成熟，就派3000骑兵、8000步兵留在营地，牵制敌人兵力，担任支援渡河突击队的任务。另外，由他亲自带领5000骑兵和1万步兵组成的突击队向渡河地点进发。

在夜幕下，亚历山大的渡河突击队分别登上船和筏子，向对岸驶去。直到他们绕过岛屿接近对岸时，岸上的印度军队才发现。突击队下船上岸后发现，登陆地点不是河的对岸，而是另一个河中小岛，距河对岸还有一段距离。此时马其顿军队已是有进无退，只好选择一个起步场地，涉水强渡。亚历山大不顾艰险，带头跳进齐胸深的河中进行抢渡，并顺利登上彼岸。

波鲁斯得知亚历山大渡河成功后，因为不清楚他的作战意图，有些犹豫不决。亚历山大则抓紧时机立即发起猛攻，岸上的印度军队猝不及防，被打得晕头转向，溃不成军，波鲁斯的儿子和400名士兵全部牺牲，战车和车上士兵都成了俘虏。

战局迫使波鲁斯立即开战，他调动主力部队向亚历山大军进攻。波鲁斯选择了平坦坚硬的地形，把3600名骑兵、3万名步兵和180辆战车和200头战象，摆开战斗队形，迎战马其顿军队。亚历山大深知自己的优势在骑兵，而印度军队中央力量强大，两翼骑兵也旗鼓相当，不易突破，唯一的办法是引诱印度军队离开阵地，打乱阵势，乱中取胜。战斗开始，亚历山大带领1000名骑兵向印军左翼进攻，波鲁斯急忙来支援。亚历山大看见印军来支援，便乘机向印军右翼后侧进攻。波鲁斯被亚历山大新的进攻弄得毫无准备，作战计划被打乱。亚历山大紧紧抓住这个机会，发起猛攻，印军大乱，向中央阵线退却。中央阵线战象出击，早已准备好的马其顿兵奋力迎战，并把战象包围起来。

这次战争，与过去战争不同。冲击与反冲击，包围与反包围交织在一起，战斗异常激烈。马其顿方阵包围了战象，战象又把他们冲散。开始时印度兵被冲散，但他们乘激战之机，又重新集中起来，反过来冲击马其顿骑兵。而经验丰富的马其顿骑兵又回过头来把印度兵打退。结果，战场越缩越小，双方混杂在一起，士兵们只好各自为战，拼命厮杀。挤在中间的战象不管敌我胡乱冲撞，双方士兵都遭受了践踏和攻击。由于马其顿军队多在外围，回旋余地大，可进可退，而且标枪兵一直能投射，所以损失较小。印度兵损失惨重，只有少数人死里逃生。战斗中，波鲁斯负伤，但依然指挥战斗，与士兵同战斗，与阵地共存亡。最后因流血过多，无法支持而被迫放下武器。

这次战争印度军队步兵死亡2万人，骑兵死亡3000人，战车全部被毁，幸存的战象全部被俘。波鲁斯的两个儿子和本地区总督以及其他指挥官全部被战死。而马其顿军队只死伤骑兵300人，步兵700人。

汉尼拔

汉尼拔（公元前247年~公元前183年），迦太基的著名统帅，古代杰出的军事家。他的父亲哈米尔卡是迦太基的著名将领，以英勇善战著称。他有两个弟弟，也都是迦太基的名将。

汉尼拔童年是处在地中海地区群雄角逐、烽火连天的动荡不安的时代。当时，罗马在征服南部意大利以后，又夺取西西里。这样，强大的迦太基自然不会置之不理。

公元前264年，罗马借口迦太基准备进攻意大利而突然攻占麦山那湾，因此暴发了罗马和迦太基的第一次战争。这次战争中由于罗马海军使用新的乌鸦吊桥，很快击败了迦太基的海军，双方签订了合约。但这个合约是没有约束力的，双方都在准备更大的战争。

公元前228年，米哈尔卡在一次与伊伯利亚人战争中牺牲，接替职务的是他的女婿和助手哈斯多路巴。公元前221年，在一次打猎时，哈斯多路巴被他的手下杀死。汉尼拔接替了哈斯多路巴的职务，成为迦太基驻西班牙最高统帅。当时汉尼拔才25岁。他在少年时受过良好的教育，特别是在他父亲和姐夫培养下，受过优良的军事和外交才能训练。他精力充沛，意志坚强。

　　9岁时，汉尼拔就开始跟随父亲征战，长期处在艰苦环境中使汉尼拔得到充分锻炼。多年兵营生活，丰富了他的军事知识。他坚韧不拔，吃苦耐劳。汉尼拔自幼就有非凡的抱负，想为国家干一番大事业。他上任后，国内一些人反对他，于是他首先把这些反对派镇压下去，对国外的反对派也毫不客气。公元前220年，他率兵把原属罗马的山南高卢占领，继之又把萨根城划入迦太基版图。后来罗马又与萨根结盟，这对迦太基是个威胁，汉尼拔当然不能容忍。

　　公元前219年，汉尼拔征服了伊倍拉河，后来，迦太基政府授权汉尼拔斟酌时机对付萨根人，于是汉尼拔带兵攻陷了萨根城。从此迦太基版图又扩大了。

　　汉尼拔攻占萨根后，罗马向迦太基宣战，而迦太基人恰好欢迎罗马的这一举动，他们高呼："我们接受战争。"当时，罗马兵分两路进攻迦太基：一路从西西里进攻迦太基，一路从西班牙进攻迦太基。但汉尼拔却以惊人胆略，决定先发制人，首先进军意大利，在敌人内部作战。

　　公元前218年4月，汉尼拔经过准备之后，带领大军远征意大利。他兵分两路，一路由他弟弟哈士多路巴尔带领，驻守西班牙。另一路由汉尼拔自己带领，共9万步兵、1.2万骑兵和几十头战象，从新迦太基出发，越过比利牛斯山，向罗尼河推进。在罗尼河，汉尼拔遇到高卢人的阻击，河水湍急，涉渡困难。汉尼拔没有强渡，他一边准备渡河工具，一边派队伍埋伏在对岸敌后，采用佯渡引诱高卢人的注意力，靠对岸的伏兵发起攻击，使高卢人乱作一团，主力队伍乘机迅速渡过罗尼河。9月初，汉尼拔的队伍到了阿尔卑斯山脚下，在这里进行休整和补充给养。一切整装完备之后，继续向阿尔卑斯主峰进军。

4月的阿尔卑斯山，山高路陡，寒气袭人。山顶白雪皑皑，天气变幻无常，有时暴风雪袭来，行军极端困难。在山中，战马和战象的行走更是有难以想向的困难。不少马匹战象在狭窄山道上滑倒后掉进深渊里去。途中又经常受到土著部落的袭击拦路。但汉尼拔以惊人的毅力和卓越的智慧，克服了一个又一个困难，爬过了阿尔卑斯山，终于在公元前218年9月末，到达意大利北部的波河。越过冰天雪地的阿尔卑斯山共走了33天，在这中间，步兵损失一半，只剩下2万人，骑兵损失三分之一，有6000名骑兵失去了战马，战象只剩1头了。汉尼拔出现在意大利北部的波河地区，对意大利构成了巨大威胁。

意大利元老院的空气十分紧张，赶紧派西庇阿带兵在波河阻击汉尼拔。汉尼拔以逸待劳，乘西庇阿立足未稳，击其不意战败了西庇阿军队。后来，意大利又派森普罗尼亚率领大批军队，在波河平原与汉尼拔展开激战。汉尼拔运用灵活的战术，在关键时刻用骑兵从侧面攻击森普罗尼亚，使罗马军混乱溃散，同时，命令伏兵发起攻击。森普罗尼亚在迦太基军队的前后夹击下，只带领残部逃跑了。这次波河战役，罗马损失3万人。而汉尼拔只损失400人，充分显示出汉尼拔的卓越军事天才。

波河胜利使汉尼拔声望大振。士兵斗志高昂。为了进一步打击罗马军事力量，汉尼拔又带兵南进。而罗马统帅弗拉米尼也紧紧追击汉尼拔，两军终于在特拉西美诺湖相遇。特拉西美诺湖在柏罗细亚附近，北岸是环形山，只有两面才是湖岸，有一条狭窄的小路从西面通向出口，形势非常险要。汉尼拔在这里设下埋伏，等待罗马兵。公元前217年6月21日夜间，罗马军4万人进入山口，钻进汉尼拔的伏击圈。汉尼拔一声令下，迦太基士兵从四面八方扑向罗马军，经3个多小时激战，罗马全军覆没，弗拉米尼也战死疆场。汉尼拔军队乘胜前进，势不可挡，所向披靡。公元前216年春天，汉尼拔攻占了康奈城。康奈是罗马的重要谷仓，为保卫康奈，罗马投入8万步兵，6000骑兵，而汉尼拔只有4万步兵，1.4万骑兵阵势摆开，罗马步兵首先向迦太基军队中心进击，攻势异常猛烈，迦太基军队顺势向后退却。罗马军队由两侧向中央会合进攻，而汉尼拔军队以横队迎击，同时调动精锐步兵从侧面攻击，骑兵从两侧包抄，使罗马军队完全陷于混乱之中。经过近一天的激战，罗马军队几乎全军覆灭，统帅只带17名骑兵逃生。

康奈惨败，使罗马元老院一片混乱。公元前211年，汉尼拔大军进到罗马城下，攻克罗马城指日可待。但多年的失败，也教训了罗马。他们为了扭转战局，一方面派军队与汉尼拔军队周旋，拖住它，但不与其正面交战；另一方面又派一支军队去非洲迦太基本土作战。公元前204年春天，西庇阿带兵去迦太基，在乌提卡登陆。公元前203年春天，在乌提卡南与迦太基军队激战，迦太基被战败。迦太基为了争取时间，提出和谈，双方签订了协定。迦太基一再战败，元老院决定召回汉尼拔。汉尼拔接到命令后返回迦太基时，心情非常沉痛，他想要消灭罗马国家的梦想到此已经完全破灭了。公元前202年秋，西庇阿和汉尼拔在迦太基南部扎马会战。在战斗中汉尼拔一马当先，而西庇阿也不示弱，但经过混战，汉尼拔还是失败了，1万多人阵亡，1万多人被俘。从此迦太基无力再战。公元前201年，迦太基接受了屈辱性和约。公元前195年，汉尼拔被任命为苏菲特（审判官），但由于贵族反对，只好隐退。后来又逃跑到推罗和以弗斯。叙利亚国王热情接待他。

公元前192年，汉尼拔投奔安条克王国，后来因为罗马与安条克王国关系紧张，罗马击败安条克。汉尼拔又从安条克逃到克里地岛，然后又去彼提尼。但是。罗马迫使他们驱逐汉尼拔。公元前183年的一天，汉尼拔的住处突然被武装士兵包围。汉尼拔自知前途不妙，又不甘心做罗马的俘虏，便服毒自尽了。一代杰出军事家就这样饮恨结束了他轰轰烈烈的一生。

坎尼战役

公元前216年8月2日，汉尼拔指挥迦太基军队在意大利半岛东南沿海的坎尼城，与罗马军队发生一次以少数兵力歼灭敌方众多兵力的战役，这是世界军事史上著名的坎尼战役。

公元前216年6月初，汉尼拔发现了一个解决军队补给问题的机会——他得知，在阿普利亚平原的尽头有座城叫坎尼，罗马人在那里储存大量粮食和物资，而那里的守备力量很薄弱。于是汉尼拔带兵在罗马人还不知道他的动向之前就攻下了坎尼，从而使迦太基军队补给问题得到解决。坎尼被占领，在罗马人中引起极大惊恐，这不仅是因为失去给养，还因为坎尼位置处于富庶的农业区中央，粮食产量很大。不久，罗马的艾弥利乌斯与瓦罗来到罗马军队执掌军权。这时，罗马普遍要求与迦太基军队开战，以便打击他们的侵略气焰。这两位统帅心里明白，人民盼望着有良好作战机会，于是他们带领罗马军队向坎尼出发，准备在坎尼捉拿汉尼拔。经过两天行军，他们得知汉尼拔就驻扎在坎尼附近。

迦太基军营位于一片开阔平原上，艾弥利乌斯担心这地形有利于汉尼拔骑兵作战，他认为罗马军队应在山上扎营。然而，瓦罗却认为应当把营地设在靠近迦太基军队的地方。最后采取了一个折中办法，就把营地设在卡努西翁，那里是平原地，距迦太基营地只有5公里。次日，瓦罗指挥部队转移到更加接近迦太基营地地方，企图引诱汉尼拔出战。汉尼拔接受了挑战，他一边指挥主力部队排成作战阵势，一边用轻步兵与骑兵部队进攻正在行进中的罗马军。双方打得不分胜负，直至天黑才各自收兵。第二天，艾弥利乌斯决定不再把队伍派到山中，因为那样与迦太基人距离只有1公里，他担心在行军中遭到敌人袭击。最后艾弥利乌斯把军队分为两部分，把三分之一的兵力派往奥菲杜斯河的对岸，在那里建立新营。这样使罗马军队有可能对迦太基军队抢粮行动发挥威慑作用，同时自己也可能征集一些粮食。余下三分之二的兵力用于据守瓦罗建立的老营。

双方经过充分准备，形成剑拔弩张、一触即发的开战气氛已完全饱和，各自统帅都向全体将士做了动员，激励大家奋勇作战。两天后，汉尼拔在河套一带摆开作战阵势，但艾弥利乌斯却未能出战。既然罗马军队不出阵，于是汉尼拔就派出努米底亚骑兵，去骚扰罗马军队到河边取水的小股人员。这时瓦罗心中怒火万丈，士兵们也迫不及待，都为迟迟不能开战而焦躁不安。公元前216年8月2日拂晓前，罗马统帅瓦罗留下一支部队据守两座大营，其余的都调去奥菲杜斯河沿岸，面对前方摆开阵势。这正中汉尼拔下怀，他命令部队于对岸进入战斗岗位。交战双方兵力，罗马军队在数量上占优势，步兵有6.6万人，骑兵有7000人，留守营地的罗马军队约有1万人。而汉尼拔大约有步兵3.2万人，骑兵1万人，守大营的约有5000人。

汉尼拔早为这场战争做好准备，在迦太基军队战线前列部署了巴利阿里的投石手、长矛手，以他们为散兵。在主要战线的左翼部署了由汉尼拔的弟弟哈士多路巴指挥的伊比利亚与高卢骑兵，旁边是半数的非洲重步兵，并用精良武器武装起来。在战线中央，交替排列着伊比利亚步兵和高卢步兵，旁边是另一半非洲步兵。在非洲步兵的右翼部署了努米底亚骑兵。部署好战阵后，汉尼拔命令中路的伊比里亚与高卢步兵发起攻击，以致使战线中段的弓形向前突出。汉尼拔在部队中部指挥。

瓦罗军队的态势是，罗马骑兵在右，盟国骑兵在左，轻武装部队部署在主战线的前方。可是，当瓦罗发现迦太基军队利用了河湾地形来部署队伍时，他也改变了原来的部署，改变军队作战队形，使战线缩短，以便与迦太基军队队形相适应。瓦罗把队伍正面收拢以加强纵深，又使行列间距离缩小。经过改动后的罗马军队，各队实施机动的余地大大减小，人与人之间距离也变得过于狭窄。这样，使罗马军队从一开始，在机动方面就处于不利地位。

战斗终于开始，罗马军队开始攻击，在快要到迦太基阵地时，只见两军散兵从战线的空隙中后撤，双方的骑兵展开冲锋。在迦太基军队的左翼，哈士多路巴带领的西班牙与高卢骑兵很快压倒了冲上来的罗马骑兵。罗马骑兵大部被杀死，其余沿河道逃跑，又被追击歼灭。迦太基军队右翼，数量处于劣势的努米底亚骑兵勇战罗马军队左翼骑兵，双方交打得难解难分。战线中段，集结起来的罗马军向比较薄弱的伊比利亚和高卢步兵战线推进，高卢步兵与伊比利亚兵缓慢后退。于是，他们原来的凸形阵线先是成为平直阵线，接着又变成凹形。随着迦太基阵线后退，越来越多的罗马士兵涌向中心。不料，这正是汉尼拔所希望的战局。就在这时，罗马军队发现左右翼的重武装非洲步兵突然向他们的两翼和中央冲杀过来。与此同时，哈士多路巴带领骑兵已绕过罗马全军，从背后攻击罗马左翼骑兵。在这种形势下，罗马骑兵落荒而逃。努米底亚骑兵策马追击。哈士多路巴也从后面去攻击进入圈套的罗马军队，切断一切退路。罗马士兵虽然英勇奋战，结果还是成千上万的遭戮。

在坎尼战役中，罗马士兵死亡约4.4万人，被俘有1万余人，侥幸逃跑者只有1万多人。瓦罗逃亡，另一统帅艾弥利乌斯和大批下级军官，以及元老议员战死。这支庞大罗马野战军被汉尼拔彻底歼灭。

特拉西美诺湖决战

公元前217年6月21日,在希腊柏罗细亚附近的特拉西美诺湖边,迦太基军队与罗马军队发生决战,这就是著名的特拉西美诺湖决战。

公元前218年4月,迦太基的统帅汉尼拔经过充分准备后,带领军队开始远征意大利。他带领步兵9万人,骑兵1.5万人,还有几十头战象,浩浩荡荡,从新迦太基(今西班牙的卡尔塔根那)出发,越过比利牛斯山脉,沿罗尼河方向推进。汉尼拔用巧妙方法,渡过了罗尼河。之后,又补充粮食和武器,9月到欧洲最高的山脉阿尔卑斯山。汉尼拔带领军队冒着严寒,沿着崎岖道路前进。当时,山顶已白雪皑皑,气候变化异常,沿途又有土著部族攻击,行军极端艰难。特别是众多战马和战象,通过狭窄山路时就更加困难了。汉尼拔以非凡的毅力,克服一个个困难,终于越过了阿尔卑斯山。

公元前218年9月末,一支疲惫不堪的迦太基军队,在汉尼拔带领下,终于到达意大利北部的波河上游地带。从新迦太基到这里,共行走了5个月,而在冰天雪地的阿尔卑斯山中共行走了33天。汉尼拔带兵到达意大利北部时,队伍遭到重大损失，步兵损失一半以上，骑兵损失了三分之一。在意大利平原上，汉尼拔带领剩下的2万步兵，6000没有马的骑兵和1头战象继续前进。

汉尼拔的出现，犹如晴天霹雳，罗马元老院一片惊慌。元老院决定撤销远征非洲和西班牙的计划，集中兵力保卫意大利本土。罗马统帅科布列阿斯·西庇阿带兵在波河左岸阻击迦太基军队。开始时是骑兵激战，优势在迦太基军队一边。西庇阿战败后带领残部逃跑。

汉尼拔在波河的胜利，使他的声望大大提高。同时，波河的失败，又使罗马大为震惊。罗马元老院下令由弗拉米尼和塞维利阿指挥，组织大部分兵力去抵抗汉尼拔。弗拉米尼带领3万步兵和3000骑兵，去保卫亚平宁山脉以内的意大利本土，阻止汉尼拔南下。当时汉尼拔南下有两条路线，一是通过阿里米姆山路，一是通过挨特鲁里亚山路。如果汉尼拔通过阿里米努姆山路，有执政官塞维利阿在那里把守；如果是通过挨特鲁里亚山路，又有弗拉米亚拦截。但是，高明的军事家汉尼拔却选择了一条路程最短，又是最艰难的路线，即从波诺尼亚到披斯托里亚的进军路线，这是罗马官员们万万没有想到的。由此可以看出，那么多的罗马高贵大员们确实不如一个汉尼拔。在这条进军路上，遇到了难以想象的困难，在披斯托里亚和佛罗伦萨之间，有一片广阔的野草丛生的沼泽地。由于春天到来，附近山上的积雪融化，再有阿尔诺河河水泛滥，因此这片沼泽到处是齐腰深的洪水，无边无际的杂草，而在沼泽水面上又笼罩着令人窒息的沼气。汉尼拔带领军队在这里走了三天三夜。因为在水里行军，没有一块干地可供休息，疲惫已极的士兵只能在倒毙的牲畜尸体上或堆积起来的行李上过夜。过度的疲惫，人和战马不断死亡，汉尼拔也只能坐在战象上过夜。但是汉尼拔坚韧不拔，终于战胜困难，通过沼泽地，绕过弗拉米尼布下的防线。老谋深算的弗拉米尼万万没有想到汉尼拔会绕过他的防线。于是，带兵尾随，而在特拉西美诺湖边又中了汉尼拔的埋伏。

在柏罗细亚附近，有个特拉西美诺湖，它的北岸是个三面环山的谷地，只有一面是湖岸。在湖岸上有一条狭窄的隘口，路从这里通过并向外面伸去。在隘口的出口处，背面山石陡峭，林木茂盛，形势非常险要，可说是一夫当关，万夫莫开。汉尼拔带兵埋伏在这里，等待弗拉米尼的罗马军队到来。6月21日夜间，汉尼拔把轻骑兵埋伏在隘口的出口处。把轻装步兵安埋伏在密林深处，自己又带领步兵占据了与湖岸平行的高地。在天刚刚亮的时候，罗马4个军团近3万人趾高气扬地走进隘口。当时，天色朦胧，浓雾笼罩着湖面和山谷，弗拉米尼的侦察兵也只见一片朦朦胧胧，山谷与湖水难以分开。当罗马军队浩浩荡荡在山谷中行进时，埋伏在隘口和山谷草木中的迦太基军队已等待好久。只听汉尼拔一声令下，刹那间伏兵四起，迦太基的战士从四面八方一跃而出，向罗马军队猛扑过去。罗马军队做梦也不会想到会遭到这突如其来的袭击，他们惊慌失措，顿时乱作一团，到处逃窜，战斗一时变成可怕的大屠杀。经过3小时的激战，罗马军队几乎全军覆灭，弗拉米尼也和士兵一样阵亡在沙场上。这次战斗罗马死亡2万名战士，只有1万名冲出埋伏逃进一个防卫坚固的村庄里。但汉尼拔穷追不舍，最后包围了这个村庄。在饥饿和死亡的威胁下，这些逃兵也被迫投降了。

在特拉西美诺湖战役，汉尼拔取得决定性的胜利，这对迦太基军队意义非常重大，从此奠定了汉尼拔南下的基础。这次战役中，汉尼拔巧妙地运用迂回埋伏战术，彻底消灭了罗马军队，并击毙其主帅，充分显示出他的指挥天才。

弗拉米尼全军覆灭，汉尼拔又开始新的远征。

麦陶尔战役

公元前207年春天，在意大利北部的麦陶尔河一带，罗马军队击败汉尼拔带领的迦太基军队，这场战争严重挫败了汉尼拔入侵罗马的计划。

公元前218年以来，迦太基军队在统帅汉尼拔带领下，南征北战，连连击败罗马军队。坎尼战争是汉尼拔胜利的顶点，自此以后，虽然汉尼拔也打过一些胜仗，但都是战术上的胜利，在战略上却已步入穷途末路。汉尼拔军队长期征战，面临着孤军深入敌国，与本国失去联络，得不到国内必需的供给和兵源，因而，迦太基军队的处境一年比一年困难。

公元前209年夏天，罗马统帅小皮西阿带领军队，攻克迦太基的心脏——新迦太基后，加剧了迦太基后方的危机。接着在意大利本土，罗马军队也开始主动反击汉尼拔，首先，攻占康帕尼亚地区，又集中7万人的兵力围攻卡普亚城。尽管汉尼拔也调动精锐步兵、骑兵和战象来解围，结果没有成功。这时，罗马又继续调兵来支援卡普亚城，汉尼拔知道后更是焦急万分。他既不能得到迦太基国内的支援，又不能在意大利迅速获胜，战局万分火急。于是他向他弟弟哈士多路巴求援。

公元前207年春天，汉尼拔的弟弟哈士多路巴带兵从西班牙前来支援。他带2万大军日夜兼程沿着当年汉尼拔进军路线，越过阿尔卑斯山，进入意大利北部，又到波河一带，沿东海岸前进。他派人与汉尼拔联系，打算在翁布里亚与哥哥会师。

公元前208年冬天，汉尼拔带领大军在卡拉布里亚扎营，第二年春天转战到阿普利亚，准备与弟弟会合。这时哈士多路巴正在派兵给其哥哥送信联系，结果送信的战士被罗马人在塔兰俘获。罗马执政官尼罗从信中知道哈士多路巴带兵出征意大利的消息，连忙采取对策。罗马军队在统帅李维亚斯带领下急忙集结，迎击哈士多路巴。

罗马统帅尼罗带领精兵7000人，日夜兼程经过7天急行军，与另一统帅李维亚斯军队会合，经研究决定马上进攻哈士多路巴和汉尼拔军队，使他们措手不及。罗马军队为了收到突然袭击的效果，军事行动非常机密，但对罗马军队的号声却没有严加控制。当罗马军队吹起准备作战的号角时，从罗马兵营中传出两种不同的号声。机警的哈士多路巴很快判断出罗马军队的活动，并认为罗马军队在准备与自己决战，哈士多路巴当机立断，回避与罗马军队交锋，不与决战。并带领军队向西撤退，越过高高的亚平宁山。不料，在黑夜中向导逃跑，部队在麦陶尔河迷路。罗马军队立即尾随哈士多路巴，并强迫他接受决战。

当时形势，罗马军队有4万兵力，而哈士多路巴已无路可走。哈士多路巴把军队安排如下：中央阵线是阿尔卑斯山西部，由高卢人组成，战象配备在中央步兵的前面。左翼由山南高卢兵组成，占据一个小山头。右翼由西班牙军组成，由哈士多路巴指挥。罗马军队的阵势是：尼罗兵力在右翼，面对哈士多路巴的左翼。李维亚斯军队在左翼，面对哈士多路巴的右翼。其余全在中央。

战斗开始，迦太基军队右翼发起猛攻，接着罗马军队左翼和双方中央阵线投入战斗。开始，哈士多路巴带领队伍奋勇厮杀，在战象冲击下，罗马阵线混乱。不久，罗马军队又重新整顿，顶住了迦太基军队的冲击，并立刻进行反击。结果，因为喊声震天，受惊吓的战象失去控制，如同无舵的小船在两军中乱冲，迦太基的许多战象转头践踏死伤自己的士兵，损失惨重。哈士多路巴身先士卒，拼杀在前最后才把士兵情绪稳住，并继续战斗。正在激烈战斗中，尼罗带领的右翼军队前来支援左翼部队作战。这突如其来的行动，使迦太基右翼队伍混乱，被迫向中央退却。接着罗马军队的中央阵线和左翼从正面出击，右翼从后面冲击，哈士多路巴在前后夹攻下，全线溃退。

哈士多路巴虽然英勇顽强无比，此时也无力扭转这注定失败的战局的了。但是哈士多路巴不愧是伟大的将领，他继续与士兵顽强作战，直到牺牲。麦陶尔战役结束了，迦太基牺牲1万多名士兵，而罗马只牺牲了2000人。这一战役实际上已决定了汉尼拔在意大利的失败命运。几天后，汉尼拔得知哈士多路巴牺牲的消息，心中自然万分悲痛。并从中预感到自己前途的险恶。

扎马战役

公元前202年春天，罗马统帅西皮阿与迦太基统帅汉尼拔在北非迦太基本土上展开一次战役，这就是著名的扎马战役。战役结束后，迦太基向罗马屈服求和。

公元前209年，罗马统帅西皮阿带兵在西班牙同迦太基争夺领地，经3年战斗，打败了在西班牙的迦太基军队，而且又同努米底亚建立了反迦太基同盟。反迦太基同盟的建立，意味着把战争将引向非洲，并将彻底消灭迦太基。

公元前205年，率孤军深入意大利奋战13年的汉尼拔，兵力损耗大半，兵源无继，给养困难，逐渐成为强弩之末，终于退缩到意大利的最南边，处境备极艰难。这时，西皮阿已向元老院建议向迦太基进军，把战争引向迦太基本土，迫使汉尼拔早日从意大利撤军，并伺机消灭迦太基。

公元前204年春天，西皮阿带领大军2.5万人，分乘400艘运输船，由40艘战舰护航，向迦太基进军，并在迦太基北部乌提卡附近登陆。面对迦太基的精锐军队，西皮阿自己居于劣势，于是退到附近一个小岛上。在这里边谈判，边准备战争。

公元前203年春天，一切准备妥当，西皮阿带领大军穷追迦太基大军及其盟军西法克斯大军。罗马军队与迦太基军队在巴格拉达斯河平原上相遇，西皮阿命令骑兵勇猛冲击，包围了迦太基军队和西法克斯军队，最后全歼。西皮阿只用骑兵歼灭敌人，这种战术在罗马史上是第一次。迦太基军队接连失败，国家发生内讧，于是迦太基政府向罗马请求举行谈判，以此为缓兵之计。

公元前202年夏天，汉尼拔带领大军从意大利返回迦太基，在东部哈德鲁密敦登陆。汉尼拔回来后，立即整编军队，扩充兵力，挥师北上。

公元前202年秋天，罗马统帅西皮阿带兵向西撤退，引诱汉尼拔军队。西皮阿在撤军途中，大肆破坏，抢劫粮食，使迦太基人大为恐慌。迦太基政府再三命令汉尼拔阻止西皮阿军队的抢掠行径，与西皮阿决一死战。这样，汉尼拔西追西皮阿，两军在西皮阿选择好的扎马地区相遇。汉尼拔落入了西皮阿的圈套。

这时，罗马西皮阿军队有步兵6000人，骑兵4000人，占据有利地形。汉尼拔连续行军，赶到扎马地区后，发现情况不妙。在这里，汉尼拔既没有补充兵源，又没有有利的地势，而且水源也缺乏。因此汉尼拔决定不与西皮阿交战，而与他谈判。西皮阿也将计就计，一面同汉尼拔谈判，一面加紧备战。会谈中西皮阿没有诚意，依仗军事上优势，拒绝汉尼拔提出的和平条件，最后双方只好决战。

一天上午，在扎马城附近的平原上，双方摆开阵势。双方兵力大致相等，约为4万人。当然，西皮阿有精锐的骑兵和有利地形，而汉尼拔军队成分复杂，军队素质也不如西皮阿，特别是骑兵更不如罗马的精良，再加上行军疲惫。因此，汉尼拔决定加强中央阵线兵力，从正面突破罗马军团的攻击。他把步兵分为3列，第一列为步兵，配备在中央阵线。第二列为新兵，这里面有许多人没有经过很好的作战训练。第三列为预备队，是从意大利跟随汉尼拔身经百战的精锐部队，他们最有战斗力，汉尼拔最信任他们。在中央战线的两侧分别配备2000名骑兵。阵线前面又部署了80头战象，一线展开。

西皮阿根据汉尼拔的阵势，把队伍也分为3列，改变了过去的横盘格子式队形，各作战单位之间前后不是交错展开，而是前后重叠对齐，并在作战单位之间留出相当的距离，成为一条通道，以便让汉尼拔的战象从这里冲过来，以免造成重大伤亡。他又在通道中间配备些随时可撤退的轻装步兵，以便引诱汉尼拔战象从这里穿过，不致因为左冲右撞而造成阵势混乱。他把强大骑兵配备在两翼，老年兵配备在后方作为预备队。还配备一部分步兵带号角在第一线，以便在作战时吹响号角，吓退汉尼拔的战象。

战斗是由双方的一部分骑兵零散接触开始的。接着，汉尼拔为争取主动，驱动战象发起冲锋。见此情景，西皮阿命令第一线步兵一齐吹起号角。霎时号角轰鸣，杀声四起，震耳欲声，使战象惊恐万状。有的停滞不前，有的战象向后乱冲乱撞，汉尼拔的左翼骑兵被这情景惊呆了。有的战象也冲入西皮阿的中央阵线，使罗马军队造成一些损失。但因为西皮阿早已留有通道。大部分战象从那里逃跑或被击伤。这样汉尼拔的象战没有发挥威力，反而乱了自己阵脚。西皮阿一见迦太基军队阵势混乱，抓住时机，立即从两翼出击。汉尼拔军队左翼先溃败，右翼也接着溃败。

步兵战斗仍在进行。开始时汉尼拔军第一列冲杀，英勇主动。但在关键时刻第二列没有支援第一列，反而首先溃退。第一列见第二列向后逃跑，自己处于孤立地位，于是也跟着向后跑。但第三列是精锐的老兵，挡住退路。结果前后士兵乱成一团，彼此自相砍杀，互不相让。这时，罗马军队趁机而入，向前挺进，逼着汉尼拔的一、二列后退。汉尼拔只剩第三列士兵了。西皮阿又调整队伍，把队形改为棋格子形，向汉尼拔第三列兵发起猛攻，双方杀得难解难分，不分胜负。

在这紧要关头，西皮阿骑兵从两翼向汉尼拔的骑兵冲过来，包抄汉尼拔的第三列士兵。汉尼拔在四面被围情况下，首尾不能相顾，最后全部战死。

这次战役，迦太基死亡2万人，被俘2万人，罗马只死亡1500人。汉尼拔在骑兵保护下，总算逃脱了。

马格西尼亚战役

罗马帝国军队同叙利亚军队，于公元前190年底，在赫尔棋斯河南岸马格西尼亚平原进行了一次决战，这就是著名的马格西尼亚战役。

公元前197年春季某日，马其顿王腓力五世带领军队，在色萨利地区的狗头山附近与罗马军队相遇。由于当时大雾弥天，双方都不知虚实。据记载双方兵力各为2.6万人。罗马军采用的是棋格子式的队形，这种队形克服了方阵转动不灵，地形起伏不便战斗的缺点。马其顿军的阵势依旧是亚历山大的阵法，缺乏灵活性，正面宽、纵深度大。战斗开始，罗马军队发挥各自为战的优势，各梯队依次进攻，斗志旺盛，加之以战象为先锋，迅速把马其顿军队击溃。腓力五世带领残部逃到北部滕伯河一带，旋即遣使向罗马求和。

罗马打败马其顿以后，蛮横地干涉他国内政，压制改革，引起各国不满。原来，罗马同盟的埃托利亚公开反对罗马，他们派使臣去叙利亚，请求出兵打败罗马。这时从迦太基逃到叙利亚的汉尼拔也跃跃欲试。他向叙利亚王安条克三世建议，组成反罗马联盟，准备从迦太基和希腊两个方向夹击罗马。

公元前192年秋天，安条克三世带领1万步兵，1000骑兵和6头战象，在色萨利登陆。罗马闻讯后，急忙调集2万步兵，2000骑兵及15头战象去迎战。罗马军队利用夜间爬过高山，从背后攻击，战败叙利亚军队。罗马胜利，全国振奋，并让当年征服迦太基的西皮阿重新执政。但根据罗马法律规定，当过执政官的人，必须在10年后才能重新任职。为此，改由西皮阿的弟弟小西皮阿出任统帅，西皮阿为弟弟的顾问。

公元前190年，小西皮阿带领陆海军向叙利亚进军。叙利亚王安条克三世在塞斯托斯和阿比杜斯建立了海陆防御体系，又在莱西马基亚建立军需基地。公元前190年夏天，罗马海军渡过爱琴海，军舰开到萨摩斯，落入了叙利亚人设下的圈套，结果20艘战舰被歼，很多人被活捉。罗马海军将领李维听到这个消息后，立即派出舰船向以弗所进发，很快两军在以弗所西部的海面上遭遇。罗马军队把系在长杆上的盛着火的铁容器投向叙利亚军舰，使叙军舰起火。叙利亚王安条克三世对此异常惊慌，仓促地放弃莱西马基亚，带领部队回渡赫勒斯蓬特海峡，进入小亚细亚腹地。结果，西皮阿兄弟二人顺利夺取了莱西马基亚，一举渡过赫勒斯蓬特海峡。面对这种形势，安条克三世进退维谷，最后命令部队退到东赫尔木斯河南的马格尼西亚平原，决心在此与罗马军队决一雌雄。

这时，西皮阿因病返回埃托利亚，小西皮阿的顾问改为原来的统帅多米提乌斯。多米提乌斯好大喜功，想趁此机会一举打败叙利亚，独享战功。他毅然带兵南下，在离叙利亚军队4公里的地方扎营，然后向叙利亚军队挑战。

公元前190年12月底，一个多雾的早晨，罗马军与叙利亚两军在马格尼西亚平原上列阵。罗马军队的阵势是：左翼靠近河边，在前面是罗马军团，约1万人。后面是意大利同盟军，这部分军队分别排成三列，意大利军的后面是珀加蒙同盟军的3000名轻装步兵。右翼是罗马、意大利和珀加蒙的骑兵，共约3000人。中间阵线由轻装部队和弓箭手组成，战象配备在后面。统帅小西皮阿在中央指挥，多米提乌斯指挥左翼，右翼由欧米尼斯指挥。

叙利亚军队共有7万人。其中最有战斗力的是1.6万重装步兵，按马其顿方阵排列，配备在中央，纵深32排，每排50人。方阵的侧面还分别排列了220头战象。骑兵1.2万名，分别配备在两翼，右翼配备有轻装队伍、轻装骑兵和骑兵弓箭手。左翼有同盟国和其他部族军队组成的混合队伍和轻装骑兵。装有镰刀的战车和骆驼，部署在最前面。紧接其后的是弓箭手、投石兵和标枪兵。安条克三世指挥右翼，安条克三世的儿子塞琉古指挥左翼，象队司令腓力指挥中央。叙利亚兵多，成分复杂繁乱，训练素质很差。尤其是在阵势安排好以后，为了突出最受信赖的轻骑兵，又把他们调到中央，结果把轻骑兵拥挤在中央狭小地方，无法施展。

战斗打响后，叙利亚右翼骑兵在安条克三世指挥下，攻破罗马军队左翼。罗马军队左翼虽然人数多，由于地形不利，队形不当，所以没能抵挡住叙利亚军队的进攻。但是，叙利亚军队的左翼和中央部队却遭到惨败，指挥罗马右翼的欧米尼斯向叙利亚装有镰刀的战车进攻，并包围战车，射击马匹。很多马匹受惊乱跑，战车乱撞，配备在战车后面的骆驼队和重铠甲骑兵也不战自乱。战车、骆驼和重铠甲骑兵乱成一团。又加上大雾，天气阴晦，双方士兵挤在一起，分不清敌我。

叙利亚军队左翼阵线镰刀战车和骆驼队被击垮后，欧米尼斯一鼓作气，向左翼后面队伍进攻，并很快将其击溃。接着，欧米尼斯又插到叙利亚中央方阵后面去进攻，并包围了中央阵线。叙利亚中央阵线四面受敌，方阵变得混乱不堪，罗马士兵乘机杀砍，方阵内的士兵四散逃命。

最后，罗马军队右翼和中央阵线一起追击逃跑的叙利亚方阵步兵，并追赶安条克三世。当安条克三世逃离主战场后，在逃跑途中看见的尽是自己的士兵、战马、战象和骆驼的尸体。他深知自己已被打败，最后带着残部沿着赫尔不斯河向东逃跑。大约在夜半时分到达萨狄斯，第二天逃回叙利亚。

马格尼西亚战役以叙利亚惨败告终。在这次战役中，叙利亚军牺牲5万人，战象大部被杀掉；而罗马军只牺牲300人。

皮德那决战

罗马帝国势力越来越强大,在不断扩张势力范围中,同马其顿在奥林匹克山的北面海岸城市皮德那附近,于公元前168年6月21日,发生一次具有决定意义的战役。

为了扭转长期坚持不下的战局,公元前168年,罗马元老院把指挥军队的大权交给60岁的包鲁斯。包鲁斯是位杰出的统帅,他上任后首先派人摸清马其顿的局势,了解马其顿的作战准备。接着又组织人力,挑选指挥官,带领1.4万名步兵,1200名骑兵启程开往达艾尔皮亚斯河地带。包鲁斯到战场后,首先命令士兵掘井,解决缺水困难。接着整顿军纪,加强战斗力。包鲁斯的想法是用一部分兵力从正面牵制马其顿的兵力,以舰队从后面威胁马其顿的海上交通线。另一支部队绕过奥林匹克山,从马其顿兵营后方发动进攻。

包鲁斯部署妥当以后,在艾尔皮斯亚河北岸,带兵向马其顿的前沿阵地发动牵制性进攻,把舰队摆开,伪装成是从海上迂回到马其顿军队北面的架势。另一部8000步兵、200骑兵给舰队作掩护,摆出一个要登陆的样子。然后在黑夜里出发,从奥林匹克南面转向北部,从陆路绕道马其顿军队的后面。包鲁斯的行动，被罗马一个逃跑的士兵告知了马其顿。于是马其顿军队立即派出1.2万名步兵予以阻击，结果被罗马军击溃。马其顿将领百尔修得知阻击失败后，担心遭到前后夹击，立即向北面的皮德那方向退却。在这个时候，罗马军队从两个方面会合而来，尾随百尔修的溃部紧追不舍，而马其顿的主力在皮德那西南正严阵以待。罗马军队在统帅包鲁斯带领下，很快与马其顿军队接近。两军在皮德那河西南劳卡斯隔岸相望。河水很浅，有的地方几乎干涸见底，可以涉足而过。

公元前168年6月21日下午3时，罗马军队中有匹战马突然脱缰向对岸跑去，后面有3个士兵奋力追赶。这时，马其顿的两个士兵也去捉马，结果被罗马士兵打死1人。马其顿士兵十分恼火，就对河中3名罗马士兵进行报复。罗马方面当然不肯示弱，也冲上去进行对抗。这样在士兵之间就发生了争吵和混战。罗马统帅包鲁斯认为时机已到，乘机利用士气，下令向马其顿军进攻。马其顿军队也在百尔修的指挥下应战。

双方阵势：马其顿军队左翼是雇佣军，他们的装备很杂乱。中央阵线是方阵。这是精锐部队，士兵身穿鲜红服装，甲胄齐整，人人精神抖擞。右翼是色雷斯的骑兵和步兵。此时的马其顿军远不及当年亚历山大时期的军队，骑兵已降为次要地位，重步兵方阵成了决定性力量，而方阵的机动性相对减弱。整个方阵分为16列，前5列和最后1列由训练有素的士兵组成，中央阵线则由训练素质较差的士兵组成。

罗马军队，中央阵线是罗马军团，左翼配备骑兵和希腊联军，右翼配备拉丁联军。另外有一部分战象也配备在右翼。

战斗打响后，马其顿军队攻势之凌厉出人意料，方阵步兵手握长矛以整齐的战线向罗马军队逼近，包鲁斯眼见这一情景，忐忑不安。几次命令攻击马其顿军队的方阵都失败。在马其顿军队的打击下，罗马军队中央阵线被迫退却，其中很多士兵跑向山中。左右两翼由于中央阵线的影响，也都跟着向后撤退。最后，整个罗马军队都退到了高地上。

在战局紧要关头，马其顿没有发现这一情况，自己的方阵继续追击，面临的是地形变得更加高低不平，深沟峡谷也越来越多，结果，军队方阵被隔开分散，并出现了缺口。

正在退却的罗马统帅包鲁斯发现了马其顿军队的破绽，于是立即停止后退，把兵力分开转入反击。包鲁斯老谋深算，命令各百人队发挥自己的长处，化整为零独立行动，迅速突入马其顿军队出现的各个缺口之中。这样，原来的一场会战就变成了许多独立的连续战斗。罗马军队从侧面和背面向马其顿军队攻击，将马其顿军队方阵的优点和整体战斗力完全丧失了。罗马的军队和拉丁联军一起向马其顿雇佣兵发动进攻，包鲁斯又带领罗马军团冲入中央阵线和左翼之间的大缺口之中，切断了中央阵线和两翼的联系，配合另一军团同时向中央阵线进攻。

一场连续的独立战斗，使马其顿军队原有的战斗阵势完全打乱，以致敌我混杂，短兵相接，混战一直几乎是刀刀见血。

马其顿军队的长矛和笨重的战斧，完全失去作战威力。马其顿的骑兵在这场厮杀中，也没法施展威力。在罗马军队的打击下，马其顿军队左翼首先溃败，接着中央方阵被冲散。在溃兵如潮中，马其顿骑兵逃之夭夭。惊慌失措的百尔修也抱头鼠窜，最后跑到安菲波利斯保命去了。

皮那德战役结束了，马其顿军队有2万人被杀，1万人被俘。罗马军队只牺牲几百人，伤万人以上。这一战役，结束了马其顿帝国的昌盛的历史，从而开始了罗马称霸的时代。

斯巴达克起义

斯巴达克起义是古代罗马规模最大的一次奴隶起义。

斯巴达克原是色雷斯人，曾服役于罗马军。他为争取自由而逃亡。后来在一次反对罗马征服的战争中被俘，后被送到卡普亚角斗士学校成为角斗奴隶。

角斗是罗马统治者一种野蛮、残酷的娱乐，它是由奴隶主逼迫经过专门训练的角斗士在竞技场当着观众的面相互格斗残杀。在卡普亚角斗训练所里，很多角斗士都戴着脚镣接受训练。他们的一举一动都受监视，生活环境同监狱一样。这种非人的耻辱的悲惨生活，以及供罗马奴隶主娱乐而死在剧场上的前途，使角斗士奴隶比其他奴隶更强烈地渴望从奴隶地位解放出来，获得自由。斯巴达克意识到同伴们的这种愿望，就出谋划策，号召同伴们"宁为自由而死于战场，决不为敌人的娱乐而丧生于竞技场。"

公元前73年，在斯巴达克的鼓动和领导下，70多名角斗士团结起来，拿起武器造反。他们逃往维苏威火山，在那里举起了义旗，建立了坚固的营地，四处袭击附近的奴隶主庄园。附近的奴隶和破产的农民纷纷投奔起义军，起义队伍迅速增加到1万多人，起义者推举斯巴达克为领袖。

　　罗马政府派遣大批军队进攻起义军，企图把起义者包围在维苏威火山，用饥饿迫使起义者投降。但是，斯巴达克在这关键的时刻表现了最大的智慧和英勇，他指挥起义军用葡萄藤编结绳梯，沿着没有罗马军队防守的那面峭壁爬下，迂回到罗马军队的后方，击其不意地击溃了罗马军队，并夺取了敌军的营垒和许多武器。这次反围剿的胜利，使起义军声威大震。

　　公元前72年秋，罗马政府又派遣两个军团进攻起义军，结果被起义军击溃。这时，南意大利的大部分地区都被起义军所占领。起义队伍已扩大到7万人。取得这些胜利后，起义军为了粉碎罗马军统治者的兵力，采取不断进攻的方式，消耗罗马的军事力量，争取更多的群众参加起义。起义军多次击败罗马军队，开始向北意大利进军。在波河流域，起义军打败山南高卢总督统率的罗马军队，这时起义军已达12万人。整个意大利从南到北都燃起了起义的烽火，而且越烧越旺。起义军急转回师，挥戈南下，直捣罗马城。

　　斯巴达克率军南下，罗马当局惊恐万状，宣布全国处于紧急状态，调兵遣将保卫罗马。罗马元老院经过百般周折，最后派遣大奴隶主克拉苏担任进攻起义军的统帅。克拉苏急忙用军队封锁了通往罗马的道路。他想在匹塞农包围并一举消灭起义军，但克拉苏的军队连吃败仗。这时，斯巴达克改变了进攻罗马的计划，决定派一部分队伍去西西里，在那里发动西西里奴隶起义。当斯巴达克率部队到意大利半岛南端的时候，渡海计划没能实现，因为，同意供给他们船只的海盗们没有履行诺言。

当时，海上有大风暴，他们用自己制造的木筏渡海也没能成功。这时克拉苏率领的军队从北方赶来了。克拉苏决定把起义军封锁在意大利半岛的南端，并挖掘堑壕，修筑工事，从而切断了起义军的归路。但这些措施阻止不了斯巴达克，他在一个风雪交加的夜晚，指挥军队突破了克拉苏的封锁线，计划由东岸渡海，去巴尔干半岛。因此，他率队伍向亚得里亚海进军。这时起义队伍内部出现意见分歧，一部分起义者脱离了斯巴达克队伍，被克拉苏消灭了。斯巴达克率起义军继续战斗。

公元前71年，起义军和罗马军队展开了一场决战，斯巴达克和几万起义军将士前仆后继，一直战斗到最后壮烈牺牲。克拉苏对战败的起义者实施残酷的报复，将6000名战俘钉在十字架上，竖立于从卡普亚到罗马大道的两旁，起义被彻底镇压。

这次奴隶起义不仅在规模上，而且在组织性、纪律性方面都显示了罗马奴隶起义的最高水平。起义军的领导者斯巴达克在古代历史上树立了一个人民英雄的形象。无产阶级革命家对这次起义给予很高的评价。马克思称赞他："具有高贵的品格，为古代无产阶级的真正代表。"列宁说："斯巴达克是大约两千年前最大一次奴隶起义中的一位最杰出的英雄。"斯巴达克率领的大规模奴隶起义，震撼了奴隶制度的基础，沉重地打击了罗马奴隶主，加速了罗马共和国的灭亡。

征服者凯撒

凯撒7岁被送进专门培养贵族子弟的学校。在学校里，恺撒的文学、历史、地理等科目总是得到老师的夸奖。他活泼开朗，脑子灵敏，而且令老师惊奇的是他有问不完的问题，而且总是要打破砂锅问到底。凯撒小时候最崇拜的就是他的姑父——马略，他常常缠着姑父给他讲他在外出征打仗的故事。凯撒的母亲相信自己的儿子不是凡夫俗子，便加强了对他的教育。凯撒也不辜负母亲的期望，博览群书，学业日益长进，文章写得非常好，十几岁就发表了《赫库力斯的功勋》和悲剧《俄狄浦斯》。他酷爱古希腊文化，特别是希腊的古典文学。除文学外，凯撒还喜欢体育运动，他精通骑马、剑术等，肌肉发达，体魄非常强健。

公元前86年和公元前84年，元老院民众派领袖马略和秦纳先后去世，前者是凯撒的姑父，后者曾提名凯撒为朱庇特神祭司，而凯撒则由于亲缘等原因被视为马略的当然支持者。虽然凯撒一下子失去了两个保护人，但是也同时获得了从事某种职业并取得巨大成就的自由。公元前84年，凯撒娶秦纳之女科涅莉亚为妻。这桩婚姻不仅给他带来了一个女儿——尤莉娅，而且还使其获得了元老院民众派成员的支持。

公元前82年至前79年间，凯撒旅居东方，并前往小亚细亚。他到达小亚细亚之后，很快便接受了一项使命：前往比蒂利亚寻找船只。卑斯尼亚国王尼科梅德已经答应了向罗马供应船只，却迟迟不肯履约。初出茅庐的凯撒圆满地完成了这个任务。也许是完成得太圆满了，他的对手开始传言正是这位罗马使者不同寻常的魅力，才使得狡猾的国王唯命是从。虽然这仅是一个插曲，却给人们留下了凯撒是同性恋的印象，而且这一影响是长远的，以至于他的士兵在很久以后的一次凯旋式中称其统帅为"所有女人的男人，所有男人的女人"。

公元前80年，凯撒随军前往米蒂莱，在战斗中，凯撒显示出了非凡的军事和外交才能，并因为表现英勇而获得花冠。

公元前76年，他再次踏上了前往东方的旅程。公元前75年，他在罗德岛，拜师米隆之子、雄辩大师阿波洛尼奥斯的门下。在旅途中，他曾被奇里乞亚海盗劫持，后者要求以20塔兰特作为赎金。凯撒嘲笑他们不知道自己捉到了什么人，并要求海盗索取50塔兰特。在等待赎金的38天里，他不得不同海盗们待在一起，他对他们开玩笑说获释后一定要将他们统统送上十字架。当他获释放之后做的第一件事便是组织一支舰队，捕获了所有劫持他的海盗。也许是因为那些海盗对他不错，凯撒为了减轻海盗们的痛苦，在把他们钉上十字架之前，割开了他们的喉咙。

公元前60年，凯撒被森图利亚大会选举为罗马共和国的执政官。凯撒因此成了最高长官，但是贵族们害怕如果再出现一个与凯撒合作的同僚，凯撒就可以无所顾忌为所欲为。公元前58年，凯撒发动高卢战争，统帅军队在高卢各地作战长达9年，凯撒夺取了整个高卢地区（约相当于今天的法国），并把这个以比利牛斯山、阿尔卑斯山、塞文山、莱茵河和罗纳河为界，周长超过3000英里的地区（除了部分同盟者的城市），统统变成了一个行省（高卢行省），后者还被规定每年向他上缴大量的钱财。此外，凯撒还是第一个跨过莱茵河，到对岸（日耳曼尼亚）去进攻日耳曼人的罗马人。高卢战争充分显示了凯撒的军事才能，他善于周密侦察敌情和地形，不受制于单一的战法，采用灵活多样的作战方式，行动果断，目的坚决，善于利用有利地形和迅速构筑工事，长于快速机动兵力、实施突然打击，一旦击溃敌人测定要跟踪追击，务求全歼敌人而取胜。因此，这是一种以积极进取、果敢行动、歼敌有生力量为特征的攻势歼灭战略。与此同时，为了孤立、分化敌人，凯撒注重采取外交手段，运用谋略和计策分化瓦解数量上占有优势但意志不统一的众多部落。

回国之后，凯撒发动内战并获得胜利，公元前44年，凯撒宣布成为终生独裁官。2月，在一项典礼上，执政官安东尼将花环献给凯撒，并称呼凯撒为王。虽然凯撒拒绝，反凯撒一派更为恐惧，于是策划谋杀凯撒。

参加反对凯撒的阴谋的大约有60多人，为首的是该尤斯·卡西乌斯、马可斯·布鲁图斯、德基摩斯·布鲁图斯。他们称自己为解放者。这些人在刺杀凯撒前曾和卡西乌斯会面，卡西乌斯告诉他们说如果东窗事发他们就必须要自杀。

公元前44年3月15日，一群元老叫凯撒到元老院去读一份陈情书，陈情书是元老写来要求凯撒把权力交回议会。可是这陈情书是假的。当马克·安东尼从一个叫作卡斯卡的解放者那里听到消息，他赶紧到元老院的阶梯上要阻挡凯撒。可是这些参与预谋的元老在庞贝兴建的剧院前先找到了凯撒，把他领到了剧院的东门廊。凯撒在读这封陈情书的时候，被众人谋杀。

凯撒的遗嘱是按照其岳父的要求，在马克·安东尼的家中启封宣读的。这份遗嘱是在前一年的9月13日立下的，并一直保存在维斯塔贞女祭司长手里。在这份遗嘱中，凯撒指定自己姐姐的三个孙子为自己的继承人：给屋大维四分之三的财产，其余四分之一由鲁基乌斯·皮那留斯和克文图斯·佩蒂尤斯分享；为自己可能出世的孩子指定了监护人，其中几个竟是参与阴谋的凶手；还指定屋大维为自己的家庭成员，将自己的名字传给他，并规定德基摩斯·布鲁图斯为第二顺序继承人；此外，他还把台伯河的花园留给人民公用，并赠予每个公民300塞斯特尔提乌斯。

凯撒死时58岁，死后被按照法令列入众神行列，被尊为"神圣的尤利乌斯"。

法尔萨拉战役

公元前48年7月，在罗马帝国内战期间，凯撒和庞培是具有代表性的两大派别的领袖，他们在希腊境内的色萨斯地区的法尔萨拉展开一次决战，这就是史书上所称的法尔萨拉决战。

公元前1世纪，罗马帝国成为地中海地区当之无愧的霸主，罗马各行省和隶属罗马的各国像一条长长的锁链，环绕着整个地中海。其领土已超过意大利本土的5倍。

公元前60年，庞培、克拉苏、凯撒结成反元老院的同盟，人们称之为"三雄"。凯撒是位杰出的将领，从公元前58年起，他经过10年时间的征战，成了高卢的统治者。凯撒的胜利，一支战斗力很强的军队的建立，使他的威望和影响超过在罗马的庞培，这对庞培的地位当然是一种巨大的威胁。公元前55年，克拉苏在带兵征伐叙利亚时在卡里战斗中阵亡。这样，原来的三雄只剩下二雄了。这时元老院已经衰弱，所有大权都集中在二雄手中，而权力之争就集中在二雄身上。庞培为了壮大自己力量来对付凯撒，再次与元老院勾结。而元老院为了打击反对派，就任命庞培为独一无二的执政官，也就是独裁者。庞培大权在手，就把矛头指向凯撒。

公元前49年，政局发生急剧变化，庞培先发制人，命令凯撒解散军队，并把凯撒指控为罗马公敌，声称要治其罪。

凯撒对庞培恨得咬牙切齿，怒不可遏。公元前49年1月，他带领约5000名步兵和300名骑兵，以保卫人民应有的权利为口号，越过阿尔卑斯山到达高卢和意大利交界的鲁比康河。在这里，他不顾罗马的法律而破釜沉舟，挥剑大呼："骰子已经掷出，就这样吧！"于是跃马渡过鲁比康河，占领意大利北部的翁布里亚和伊特剌利亚，并不断扩大占领地域。元老院在凯撒的进逼之下，不得不决定放弃罗马和意大利，而撤到希腊，准备在希腊与凯撒作战。公元前49年2月，庞培率军到埃皮鲁斯，凯撒也带兵赶来，但庞培又带兵而走。凯撒知道庞培在东方的军事潜力很大，在西班牙还有7个军团，另外还有强大的海军。庞培撤离意大利只是缓兵之计。摆在眼前的形势是：如果凯撒迅速把战火扩大到希腊，庞培就必须用在西班牙的兵力来对抗，这样会使其后方空虚。如果在意大利开战，庞培会依仗海上优势，东西夹击，对凯撒不利。为此凯撒决定用最小的损失，最快的速度击败庞培在西班牙的军队，然后返回意大利，组建一支强大的军队，开创新局面。

庞培虽然失去西班牙的军队，但是在东部仍有很大势力，共有11个军团，7000名骑兵，还有大量的辅助部队，控制着亚得里亚海；陆军以都拉斯为基地，集结在色萨利和埃皮鲁斯一带。深冬，庞培估计凯撒不会冒险渡海，因此就去了马其顿。

但是，神速和冒险是凯撒一贯的指挥作风。凯撒已集结了12个军团，但运输船只有限。他一刻也不等待，先带领7个军团约2万人的步兵和600名骑兵先登船出航，很快到达埃皮鲁斯的帕拉塞登港。接着，凯撒一面积极运载剩余兵力，一面派人同庞培谈判，而他自己却带兵去袭击敌人。庞培发觉了凯撒的企图，立即退却，提前回到基地。

凯撒急于求成，并立即展开战斗序列，而庞培军队坚守不出战。庞培的企图是利用有利地形和充足粮食补给，采取拖延战术。但元老院反对这种方案，庞培最后只好准备作战。

公元前48年8月8日，凯撒带兵出去抢劫粮食，途中发现庞培军队正在组织会战，于是便立即返回，集合军队，准备战斗。

当时，凯撒军队大约2.2万人，其中1000名骑兵，他派2000名老兵看守营地，其余军队全部拆除营寨，投入战斗。他把军队分为3列，基本队形是骑兵团分别配备在两翼，弓箭手、投石手夹杂在行列之中。右翼由苏拉指挥，左翼由安东尼指挥，中央阵线由多米夏斯指挥，凯撒坐镇在右翼。庞培的军队比凯撒军队多一倍，数量占优势。全部军队约有6万人，其中骑兵约有7000人，还有海军船舰。庞培把意大利士兵分成三个行列，摆在前面。中央由西皮阿指挥，左翼由爱曼巴布斯指挥，右翼由林都拉斯指挥，其余的盟军配备在意大利军团附近。同时集中最精的骑兵于左翼，对付凯撒的右翼军团。凯撒发现了庞培的企图，急忙抽调3000名精锐步兵，埋伏在右翼骑兵阵线后面，这支队伍战斗力很强，又惯于与骑兵配合作战。

双方准备妥当，都在伺机进攻。庞培军队人数居多，但他按兵不动。后来他的同盟军等得不耐烦，庞培担心会引起可怕后果，才不得不发出攻击令。

公元前48年8月9日，双方士兵在号声中开战。两军的弓箭手、投石手首先开始投射，接着，双方骑兵展开战斗，激战白热化。凯撒骑兵在庞培优势骑兵攻击下，向后撤退。庞培骑兵很快包围了凯撒的右翼军团。正当此时，凯撒对埋伏在后面的步兵发出命令，霎时，他们挥戈跃出阵线，向庞培的骑兵猛扑过去。庞培军队多是新兵，缺少战斗经验，面对突如其来的袭击，纷纷向后退却。骑兵撤退，所有的弓箭手和投石手暴露在前面，左翼步兵也失去保护，庞培立即命令步兵停止前进，只在原地阻止敌人进攻。凯撒的伏兵击溃庞培骑兵后，又插进庞培左翼步兵的侧面，已被打回的凯撒骑兵见此时机又掉转枪头，勇猛攻击。庞培左翼队伍在两翼夹击下，很快被击溃。接着，凯撒带领队伍转入全线进攻。战斗进入高潮，传令兵来回奔跑，只杀庞培盟军的辅助士兵，不杀意大利人。庞培军队很快被分化，弓箭手全都被射死。目睹正面阵线被攻破，庞培的同盟军都陆续逃跑了。

庞培看着惨败的战局，知道大势已去。他有气无力地退回军营，待天黑时，爬上战马，带着心腹，逃往达拉里萨。

法尔萨拉战役以凯撒率领少量兵力战胜拥有优势兵力的庞培而宣告结束。整个战役，庞培损失元老骑士15人，士兵6000人，而凯撒只损失30名百人长，士兵1200人。

公元前48年，凯撒成为罗马的独裁者。

菲利比战役

公元前42年12月，在马其顿的菲利比城，罗马军队统帅安东尼同罗马贵族布鲁多以及庞培之子绥克都斯的军队发生一次激战，此即著名的菲利比战役。

公元前42年秋天，凯撒的侄孙屋大维和安东尼对罗马贵族进行镇压后，转而对杀死凯撒的布鲁多和庞培的儿子绥克都斯进行攻击。屋大维和安东尼带兵进入小亚细亚。布鲁多和喀西约带兵阻击。布鲁多和喀西约带兵从小亚细亚同时分两路出发，经过4天行军，到达菲利比城。这座城是马其顿王腓力建立的，坐落在一个险峻小山南端的横岭上，该城南面是一片延伸到海的沼泽地，东面是山林地带，西面是肥沃平原。布鲁多的军营设在菲利比城西面平原上。地形对他们非常有利。

安东尼和屋大维的联军在进军途中，屋大维因病而留在都拉斯，安东尼带兵继续前进。在到达菲利比城时，布鲁多和喀西约军队已经扎了营，于是安东尼军队也扎营。双方军队都在修筑工事，加强防备。不久屋大维也带病跟上来，安东尼、屋大维因己方补给困难，不宜久拖不战，所以积极调整兵力，加紧备战。而布鲁多和喀西约的军队因有海上补给，拒绝交战，打算用拖延战术达到战胜的目的。

为了迫使布鲁多应战，安东尼每天都把军队摆开，所有的军队旗帜都树起来，拉开向敌人进攻的架势，暗中又在沼泽地开辟通路。他们割下芦苇，铺成栈道，架起便桥。但这些行动都被布鲁多的士兵发现，因此布鲁多也修筑一条围墙，从营地通向海边，以便阻止安东尼的军队通过栈道潜入。安东尼带兵破坏围墙时，他的士兵与布鲁多士兵相遇，于是发生战争。布鲁多士兵攻进安东尼兵营和屋大维兵营，病中的屋大维险些被俘。安东尼身先士卒，带兵奋力厮杀，接着夺取了喀西约的营地。喀西约逃到菲利比城，因营地丧失而自杀。但是，布鲁多一支军队却击败了安东尼。这次战斗双方不分胜负，接着布鲁多收编了喀西约的军队，整顿秩序，继续拖延开战。安东尼也调整部队，鼓励士兵努力作战。但布鲁多稳如泰山，拒不应战。时值深秋季节，秋雨绵绵，天气渐冷。安东尼营地处下坡，营帐中充满泥水，他开始焦急起来。色萨利不能供给布鲁多粮食，海上到处是敌人，因此布鲁多只能从交战中找出路。布鲁多的营地南面有座小山，过去是喀西约军队驻地。喀西约死后，布鲁多认为这小山在他们的弓箭射程之内，没有派人去驻守。安东尼看中了小山，派出兵力占领。并用柳条兽皮围成工事，用小山作掩护，将兵力集结在这里。他又从这里向东南绕道，通过沼泽地向布鲁多营地进攻，切断其军队补给线。

布鲁多老练沉着，不论对方是围攻，还是挑战，都没能改变他的既定战略。他深知对方的一切行动都是出于饥荒和饥饿所迫，只要他坚持不出战，安东尼就没有办法可想，最后只能自己退出战斗或者议和。然而，布鲁多的士兵沉不住气了，认为把他们关在军营里，是胆小的表现。布鲁多面对怨言和指摘，无法控制，只好让步。

公元前42年11月18日下午3时，双方开战了。安东尼带兵冲上前，布鲁多领兵相迎。他们不用弓箭、石头、标枪，只是冲上去在短兵相接中进行肉搏。双方激烈厮杀，彼此阵线都被冲散。前面战士杀死了，后面战士又冲上去，继续战斗。战场上鲜血满地，尸横遍野，兵器撞击声响彻四方，杀声和伤兵呻吟声混在一起。这壮烈的场面，可谓惊天地，泣鬼神。最后，还是安东尼队伍占了优势，布鲁多整个队伍被冲散，全军溃败。布鲁多自己带着4个军团逃到山林中躲藏。安东尼带兵追击，包围其据点，封锁道路。最后，布鲁多无路可逃，只好自杀而死。

菲利比战役中，布鲁多军队1.4万人被俘，其余都战死沙场。这次战役结束了罗马贵族和凯撒派的长期内战，它标志着罗马共和国的衰亡和预示着罗马帝国的诞生。

条陀堡森林战役

9年9月,在威悉河和阿里索之间的条陀堡森林地带,发生过一次日尔曼人起义军同罗马镇守军间的战斗,即历史上著名的条陀堡森林战斗。

公元前15年奥古斯都的嗣子德路苏斯,在征服易北河以西后凯旋途中,不幸摔死。以后他的哥哥提比流斯继承了他的职位,带领日尔曼士兵继续征服日尔曼地区。他用一部分兵力从莱茵河向北,绕过北海,进入易北河中下游地区,用另一部分兵力从莱茵河向东向易北河中游攻击。会师后再向东向北,横扫东北部各部族。

6年,阿尔卑斯东部的达潘诺尼亚和希腊的达尔马提亚爆发大规模起义。提比流斯带兵来到达潘诺尼亚地区后,鉴于众寡悬殊未敢交战,只好固守拒战。这期间他采用收买方法把起义军领袖巴通降服,引起起义军内部矛盾,最后起义宣告失败。后来奥古斯都派瓦拉斯去镇守,瓦拉斯是一个惯于勒索的臭名远扬的官吏,对当地日耳曼人采取残暴手段,贪婪地榨取金钱。当地人在忍无可忍情况下,于9年9月,举行了大规模起义。

起义的领袖就是瓦拉斯司令部的军官阿尔米纽斯。他曾在提比流斯的军队中服过役，升为骑兵军官。曾参加过早年的起义，后调到瓦拉斯司令部工作。

瓦拉斯军队在没有战事时都分散在各个地方，忙于伐木、架桥等。他准备带领3个军团和同盟军，从易北河西的威悉河，向西到达阿里索地区驻扎。突然得知，阿里索附近的日耳曼人要举行起义，于是他决定提前来到这个地区。

实际上，瓦拉斯得知起义的地点，是阿尔米纽斯有意安排的一个诱敌的圈套。瓦拉斯在日尔曼时期，和平无战事，思想上麻痹大意。阿尔米纽斯深深了解瓦拉斯这一弱点，他认为，一切灾难的产生就在于过度的无忧无虑。阿尔米纽斯乘瓦拉斯准备回师阿里索的时机，派人把起义队伍带到从威悉河到阿里索之间的条陀堡森林里，埋伏起来。另外，在其他地方大造声势，扬言起义。阿尔米纽斯准备在瓦拉斯进入森林深处镇压时，公开举起义旗，率起义军突然袭击，一举歼灭瓦拉斯军队。

不料，阿尔米纽斯的计划被泄露。原来阿尔米纽斯的叔父西吉提斯是瓦拉斯的忠实拥护者，当他听到起义消息后，立即告知了瓦拉斯，并把起义领袖就是瓦拉斯军队中阿尔米纽斯的事也告知了瓦拉斯。开始时瓦拉斯不相信这是真的，反而以为这是西吉提斯在陷害他的侄儿。因为阿尔米纽斯为了取得瓦拉斯的信任，一直没有离开过部队。

9月底，瓦拉斯带领3个军团的兵力向起义地点出发。在行军途中西吉提斯不断向瓦拉斯提出警告，告知他不要大意，而瓦拉斯一点也没有听进去。就在队伍进入沼泽和森林中逶迤前进时，阿尔米纽斯和他的伙伴突然失踪了。

这时，瓦拉斯方恍然大悟，命令队伍改道，沿着进军途中的隘口向阿里索前进。由于军需量大，又有眷属随行，头顶暴雨，脚踏泥泞的地面，行军速度缓慢。途中有时士兵和眷属混成一团，车辆与士兵拥挤一起。就在这时，阿尔米纽斯带兵突然出现，对这支混乱一团队伍发起攻击，标枪、箭石如雨。瓦拉斯组织士兵抵抗。第二天上午，瓦拉斯准备撤退，然而在茫茫森林中，迷失了方向，一天多的时间也没有走出森林。又多次遭阿尔米纽斯的攻击，损失严重。

第三天，瓦拉斯带兵继续前进，他们在泥泞中艰难跋涉。连续几天降暴雨，兵器因雨淋受损，盾牌、弓弩、标枪几乎都无法使用。这时，阿尔米纽斯又带领军队冲入这杂乱的军队，向他们发起猛烈的攻击。瓦拉斯军队被攻击得防不胜防，纷纷逃跑。骑兵指挥纽莫尼带兵跑在前面，向阿里索跑去。步兵乱成一团，四下溃散。起义军步步逼近，在严峻形势下，瓦拉斯和他的将领，纷纷自杀。

条陀堡森林茫茫无际，在这里经过4天战斗，瓦拉斯的罗马军3个军团彻底失败。一些被俘人员也被钉在十字架上，起义军胜利了，并向阿里索进发。

克雷莫纳战役

罗马在屋大维死后，群雄并立，混战连年。69年4月，平民和近卫军拥立的皇帝奥托，与罗马军和莱茵河居民拥立的皇帝维提里乌斯，在意大利北部波河中游的克雷莫纳城发生一次战斗，从此结束了罗马混战。

66年，西班牙和高卢等行省发生暴动，由于没有出兵镇压，罗马独裁者尼禄自杀身亡。尼禄死后的罗马，争夺权力之争更加激烈，各行省贵族集团和罗马军团纷纷拥立自己的代表人物，以便捞取政治资本和寻找靠山。罗马平民和近卫军拥立奥托为皇帝，而驻守在莱茵河的罗马军团与当地居民联合拥立维提里乌斯为皇帝。一个国家岂能有两个皇帝！于是他们互相下命令让对方下台，在对方不同意时，便出兵讨伐。

维提里乌斯决定进军意大利，用武力夺取罗马帝国统治权。他兵分两路，一路由瓦伦斯带领，一路由凯奇纳带领，维提里乌斯自己带领后备军殿后。69年，越过阿尔卑斯山，占领波河以北的米兰地区。奥托面对维提里乌斯的挑战，也不示弱。他带领罗马军团、近卫军和城防步兵出击，阻击敌人渡过波河，又派海军从西面攻击维提里乌斯。奥托共有4个军团，士兵久经沙场，都是负有盛名的勇士。在前面又有先导部队2000名骑兵和步兵，还有2000名剑奴，跟随奥托的是一支精锐的近卫军。

奥托的海军在弗雷菲斯登陆，维提里乌斯军队的统帅瓦伦斯立即命令军队前往阻击，这样便在海滩上发生了战斗。奥托军队队形是：一部海军配备在海岸附近的高地上，高地与海之间由近卫军占领。海面由舰队控制。瓦伦斯发动进攻，被奥托的近卫军挡住。在攻战中瓦伦斯军队损失惨重。瓦伦斯虽然吃了败仗，但并不气馁，又调兵向奥托发起进攻。刚刚胜利的奥托军队遭到突然袭击后，惊慌失措。最后，奥托军队以极大代价取得胜利。

维提里乌斯另一支陆军在凯奇纳带领下，进展顺利，攻占了克雷莫纳和帕维亚，接着横渡波河，向皮亚琴察城进军。在皮亚琴察城。开始战斗失利，后来凯奇纳又重新组织力量，排成密集的龟形阵，向敌人发起进攻。虽然士兵奋勇，仍被守城军队击败，凯奇纳面对失败，十分沮丧。这时瓦伦斯军队已经接近，并与他会合。但凯奇纳为了争夺战功，提高自己的荣誉，他又挑选最勇敢的士兵，隐蔽在离克雷莫纳城不远的森林里，同时又派骑兵向奥托部队挑战，接触后就伪装战败逃跑，且战且退，企图把敌人引入伏击圈内。可是，由于机密泄露，奥托的统帅保里努斯采取了相应的对策。保里努斯把3个近卫军步兵按纵队排列，将左右两翼安置在大道两旁。左翼有潘诺尼亚分队，4个辅助队和500骑兵。右翼有一个兵团，两个辅助步兵中队和500骑兵。一切准备好，中央部队沿大道前进。

　　战斗开始，凯奇纳的骑兵先挑战，但是，双方还没有接触，他们就狼狈逃跑了。保里努斯看破对方的诡计，于是命令近卫军步兵撤退。凯奇纳看到敌人没有追击，反而后退，不知是怎么回事，一时没了主意。埋伏在森林中的部队看见敌人逃跑，误认为是敌人害怕才逃跑，他们没等命令就盲目出击，向奥托的退却近卫军追击。奥托的近卫军步兵看到敌人跟踪，更加快退却步伐。一个快退，一个猛追，奥托的两翼军队乘机包抄过来，骑兵插到敌后，切断退路，凯奇纳军队陷入重围之中。这个形势对奥托军队十分有利。但是他的部下保里努斯却认为凯奇纳已是瓮中之鳖，为了减少损失，取得彻底胜利，应谨慎行事，所以没有乘胜追击。就在保里努斯苦心设计周密作战计划之时，凯奇纳部队乘机撤到附近的森林，用森林作掩护进行反击。

　　69年4月14日，瓦伦斯和凯奇纳部队会合，随后维提里乌斯决定出击，他们集中7万多人的兵力，与奥托决战。当时，奥托的将领主张拖延，认为维提里乌斯军队远离后方，没有强大的后备力量，没有充足的补给。敌人希望速战速决，而对付敌人最好办法是拖延。而奥托意见倾向于打，他把军队分布在克雷莫纳以东的大道上，展开队形。不一会，维提里乌斯军队发动进攻，他的军队在数量上和素质上都占优势，并用森严队形向奥托部队压来，但遭到英勇反击。在丛林中两军厮杀，时而用武器，时而肉搏；在丛林中两军战斗，有时小队出击，有时大队进攻。在大道上，则又是短兵相接，刀光闪闪，剑影粼粼。维提里乌斯的一个久负盛名的军团打败了奥托中央阵线一个军团。奥托的右翼也被包围，最后突围逃跑。维提里乌斯又把后备兵力投入战斗，并出兵攻击奥托的左翼。在混乱中奥托的士兵纷纷向东面的贝德里亚库姆逃去，而维提里乌斯又紧紧追击，整个战场尸横遍野。

第二天，奥托因无力再战而求和，士兵们听到求和消息都很高兴，含泪拥抱，悲喜交加，奥托本人也深感内疚，后来他因此自杀。维提里乌斯被正式认定为罗马帝国的皇帝。

亚德里雅那城战役

378年8月9日，罗马教皇的军队与哥特人之间发生战斗，这就是著名的亚德里雅那城战役。

4世纪中期，哥特人在匈奴人驱赶下，从多瑙河上游进入罗马帝国境内。他们没有粮食供给的保证，相反，当地统治者还竭力地敲诈勒索他们。哥特人被迫出卖自己的子女来换取粮食。在饥寒交迫的情况下，哥特人发动了起义。罗皇派军队进行镇压，把哥特人的领袖克利吉提尔恩的卫兵杀死，并把他本人拘留起来。哥特人非常愤怒，纷纷集会起义，要求释放自己的领袖，为卫兵报仇。

后来，克利提吉尔恩获释，在他的带领下，起义发展很快。他们拿起武器，高举大旗，冲向罗马军队，杀死罗马将领，从他们手中夺取武器来武装自己。他们在色雷斯地区征战，杀贵族，烧庄园，夺取土地。他们的行动得到当地人民的支持，起义军越来越壮大。当时在叙利亚指挥对波斯作战的法伦斯立即赶来准备镇压起义军，同时又与西罗马的皇帝格拉提安联系，要求他来支援。法伦斯军队来到后，对哥特人的情况不甚了解。哥特人有强大骑兵，有包铁皮的手盾、长矛和匕首，还有锋利的大斧和用无数车辆结成的圆圈，称为'车城'。在防御进攻时，骑兵小队从车城中突然冲出，对敌人实行反击，十分成功。罗马军队在哥特人的车城战中多次失败。当然哥特人的车城对城墙是无能为力的。法伦斯与哥特人相持不下。

378年哥特人得到匈奴人的援助，同游牧民族组成一个同盟，在克利提吉恩尔的指挥下，准备与罗马军队决一胜负。

为了战胜哥特人，法伦斯任命西罗马援军将领塞巴斯西安那为步兵统帅。塞巴斯西安那首先发军饷，鼓足士气，接着又组成一支2000人的精锐队伍，由自己指挥。塞巴斯西安那认为与其带领一支庞大的乌合之众，还不如带一支精锐队伍，这样对敌作战更有力。果然，一次在希伯勒斯河附近，与哥特起义军相交战，轻而易举地获得胜利。对这一胜利，法伦斯当然很高兴。因此决定亲自出征。这时，哥特起义军大约有2万人，正准备通过亚德里雅那城向西进军。法伦斯立即带兵出发，准备与之开战。

这时，哥特人为了集中兵力，争取时间，克利提吉尔恩派人与法伦斯商谈，提出把色雷斯地区划给他们，他们就同意和罗马讲和并签订和约。法伦斯没有答应，也根本没有考虑。

378年8月9日，法伦斯带领大军与克利提吉尔恩在亚德里亚纳城展开决战。在旷野上，哥特军队进军快如闪电，向敌人冲击。罗马右翼骑兵立即应战，但在哥特军队压力下，很快退却下来。罗马左翼骑兵快速攻击车城，刚刚击败罗马右翼骑兵的哥特军队，迅速集中击溃罗马左翼骑兵。罗马军队骑兵全部被击溃，步兵也无援，只好逃活命。哥特军队紧追不舍，罗马步兵拥挤一起，连战刀都无法拔出，战场杀声四起，横尸遍野。这时克利提吉尔恩又把车城中步兵投入战场，罗马军队被哥特军队全面击溃。当罗马军队四处逃窜时，法伦斯的近卫军也丢下皇帝不管而各自逃命了。在天快黑的时候，法伦斯身负重伤，从战士尸体堆中爬出，企图活命，但终因伤重而死去。

亚德里雅那城战役，罗马军队损失4万人，牺牲将领除法伦斯以外，还有步兵统帅、骑兵司令等。

卡达拉翁战役

451年6月,在法兰克王国中部闯入一部(支),匈奴人,他们横冲直撞,气焰嚣张。这时罗马同盟军奋起阻击,在卡达拉翁平原上与匈奴人展开激战,匈奴人被击败,这是有名的卡达拉翁战役。

395年,罗马帝国分裂为东西两国以后,西哥特人进入高卢西南和西班牙北部,在这里建立了西哥特王国。与此同时,匈奴人在国王阿提拉的带领下,也从东欧来到西欧,在潘诺尼亚建立虽然不十分巩固,但规模庞大的部落盟,领土不断扩大,已到现在的匈牙利、罗马尼亚南一带。

451年,阿提拉率领号称50万大军,向高卢进发,在前进中向沿途的部落发出号令,要求他们表示欢迎并与匈奴人携手合作。然而在对方没有来得及表态时,匈奴大军就来到了。匈牙利军队中还有日耳曼一些部落的成员。这支队伍具有较好的机动性,他们能迅速集中,迅速散开,迅速出击,迅速撤退。在近战时,主要武器是刀剑;在远战时,主要武器是弓箭。他们擅长使用套索,即把套索抛到敌人身上,从马上拉下敌人。这种战法在广阔草原非常有威力,而在山形复杂的地带和城镇，威力就大减了。匈奴军队统帅阿拉提将军队分成3部分，在300公里的宽阔地带向西推进。右翼从阿腊斯向西进发，左翼是主要兵力，从梅斯指向今天的巴黎。中央是阿拉提队伍。大军经过的地方践踏田园，焚烧村庄，杀害百姓。因此遭到沿途人的强烈反击。西哥特人、勃艮人、法兰克人都与高卢人、罗马人共同反抗阿提拉的军队。

5月初，阿提拉大军来到奥尔良城下，连续攻城5个星期，直到6月中旬，城墙开始攻破。城内守军已无力据守，盼着城外的援军到来。一天突然飞尘滚滚，马蹄声声，在漫天的尘埃中来了罗马兵团和西哥特人。罗马大军的统帅是阿埃齐。匈奴军队统帅阿提拉一见罗马援军来到，急忙回头应战。这时城内守军也出城攻击阿提拉军队。在两面夹攻形势下，阿提拉带军队一边掩护，一边向后撤退，把主力撤到塞纳河东侧香槟地区的卡达拉翁平原。罗马军队紧跟其后，不分昼夜，重创了阿提拉的后卫军队。第二天，阿埃齐追赶上阿提拉的主力，于是在卡达拉翁大平原上，双方展开一场决战。

6月20日，阿提拉知道后卫部队被歼灭，但他仍然决心战斗。下午，阿提拉的队伍从车城出发，在平原上摆开阵势。中央是自己指挥的最精锐的匈奴部队，左翼是东哥特人军队，右翼是其他部落军队。阿提拉欲以精锐兵力攻击敌人中央阵线，使敌人混乱。西罗马阿埃齐也知道阿提拉的意图，采取相应的对策。战斗从争夺小高地开始，为了争夺一个小高地，双方都派出最强兵力出击。西哥特国王的儿子托里斯莫德带领大军击败匈奴军队的前卫部队。匈奴军队失利后，仍未失去斗志，经过调整后，继续向阿埃齐军队薄弱部位进攻。

战斗开始后，双方展开殊死搏斗。匈奴军队猛攻罗马军队中央阵线，罗马军队两翼向匈奴军队的两翼迂回进攻。罗马军队中央阵线遭到攻击，匈奴军队两翼遭到挫折，但双方斗志未减，坚持战斗。双方的指挥官都身先士卒，一面督促战士奋战，一面挥刀冲击在前，战斗空前激烈。西哥特国王在马上指挥，突然中箭掀翻马下，结果被自己部下战马践踏而死。西哥特士兵勇往直前，死不后退。匈奴军队顽强异常，虽然统帅阿提拉几乎丧命，但仍临危不惧，坦然自若。直至日落，双方斗志未减，而胜负未分。天黑以后，罗马军队呈现出混乱，西哥特王子托里斯莫德迷失方向，他跑进匈奴队伍的车城附近，还误认为是自己的部下。罗马大将阿埃齐自己也跑进匈奴队伍中游荡一趟，后来发觉情况不妙，才逃出敌人军营。

第二天，朝阳初照，大地模糊，极目远望，战场一片尸体，随之而来的是受伤战士的呻吟和哀号。原野上的河水被战士的鲜血染红。罗马军队看到战场一片寂静，以为是胜利了，于是整顿队伍，准备进攻，夺取全胜。在敌人再次进攻前，阿提拉也不得不让队伍摆开阵势，举起战旗，高声应战。罗马同盟军在匈奴军应战中，一时有些恐慌。最后决定集中兵力把匈奴兵围困在车城里，并派弓箭手封锁交通线，削弱敌人。天亮后，西哥特军队发现国王的尸体，国王儿子托里斯莫德继位为国王。本来阿埃齐应与托里斯莫德共同奋力抗敌，但阿埃齐另有打算，坚持让托里斯莫德回国。托里斯莫德回国后，军队也带回国。而阿提拉本来就不想再战。所以在托里斯莫德走后，也带兵向莱茵河东退去。

卡达拉翁战役，就双方力量而言都有16万人。在战斗中，由于各族团结，战败了匈奴军。从此，罗马安定下来了。

达拉斯会战

530年,在底格里斯河上游的达拉斯要塞,拜占庭帝国和新波斯帝国交战,这就是有名的达拉斯会战。

476年,西罗马帝国灭亡,而东罗马帝国则正值强盛时期。它的版图包括巴尔干半岛、小亚细亚、叙利亚、巴勒斯坦、埃及、美索不达米亚以及南高加索地区。当时人们认为这是罗马帝国真正的继承者,首都在拜占庭帝国,因此也称这个国家为拜占庭。

527年,查士丁尼登上王位,他是一位杰出政治家,一面加强法制,整治内部,一面加强对外扩张,意欲征服西方。但是,为了征服西方,不得不首先对东方的波斯采取措施。波斯当时的版图也很辽阔,从伊朗高原到里海南岸、美索不达米亚南部、亚美尼亚以及格鲁吉亚大部分。波斯对拜占庭的发展深为不安。

527年,拜占庭国王查士丁尼刚刚上台,波斯帝国就向他宣战。但是双方只是在小范围零星的战斗,没有发生大规模的战争。查士丁尼对这样的战争很讨厌,因为他想集中兵力去征讨西方,于是先增加兵力对付波斯。

拜占庭军队有3种，一种是正规军团，由当地居民组成，一种是宫廷近卫军，还有一种是联盟者军队，由帝国边境各地部落组成，他们是谁收买，就为谁效忠。这支军队从战斗力和装备而论，有不可争辩的优势，但同时又有雇佣军的缺点。每个军事首长自己手下有一伙亲兵，亲兵只对首长负责，纪律性很差。这支军队以政府尊重他们习惯为理由，不遵守一般纪律，所以指挥这支军队也极为困难。因此查士丁尼派遣很有威望又很有军事才干的贝利撒留为指挥官。贝利撒留带领一支骑兵在亚美尼亚向波斯进攻，取得成功，后来又在黑海的拉齐卡打败波斯军队。贝利撒留的胜利大大地鼓舞了拜占庭士气。

530年，波斯军队4万人向底格里斯河以南的美索不达米亚地区进攻，并准备围攻要塞达拉斯。贝利撒留带兵迎战，因为主力在西方，所以只带去1万步兵，5000骑兵，还有7000亲兵。这些士兵都来自日耳曼和匈奴。他们勇敢，胜利时像野兽一样凶猛；失败后就会反咬主人。在优势敌人面前，贝利撒留决心与之决战。

贝利撒留在要塞南面选择有利地形，修好工事，部署了兵力。他把薄弱的步兵配备在主战壕里，由匈奴人组成的轻骑兵配备在平行的两条战壕里，重骑兵则配备在横向战壕附近，另外一支骑兵分队隐蔽在高地侧面。如果敌人展开进攻，首先命令两翼重骑兵进行反击，不成再出轻骑兵，从侧翼进攻，支援重骑兵作战。与此同时，贝利撒留向波斯军司令送去一封信。

建议波斯不必兵戎相见，最好和平解决争端。波斯司令看信后很高兴，他认为贝利撒留提出和平解决争端是软弱的表现，害怕波斯军，于是写了一封措辞强硬的回信，说罗马人的话是永远也靠不住的，波斯人只相信武力。波斯军司令也采取了相应的军事部署。他认为贝利撒留的中央凹部阵势是一个陷阱，一旦进去就难以出来。因此采取谨慎小心态度，避开中央阵势而侧攻两翼。他将步兵配备在中央，主力骑兵分别配备在两翼。然而，这种配备兵力正好使波斯的主力骑兵与贝利撒留的主力骑兵相遇，中了贝利撒留的计策。对于贝利撒留来说，骑兵是他这支军队的核心，无论数量还是战斗力都集中在这里，而且完全可与波斯较量。波斯军队不攻击罗马军队中央阵线，分立两翼，这样造成兵力分散，攻击力受到削弱。相反，贝利撒留的步兵就可以在战壕中灵活机动，有效地用弓箭射击，支援骑兵作战。从武器来看，罗马军队的弓箭比波斯军队的短剑射程远，而罗马军队的铠甲又能有效防护。

战斗开始，波斯军队的右翼骑兵首先向贝利撒留军队的左翼发起猛攻，战斗开始颇为顺利，贝利撒留的重骑兵在波斯骑兵的冲击下，开始后退。正在这时，贝利撒留的一支隐蔽在高地侧面的轻骑兵。突然向波斯骑兵后方迂回攻击。贝利撒留的匈奴骑兵也从侧翼向波斯骑兵发动突击。这时，正在前进的波斯骑兵遭到突然袭击，一时感觉事情不妙，立即停止进攻，转而后退。贝利撒留命令骑兵乘机追击，杀死很多波斯骑兵。与此同时，贝利撒留的右翼阵地，也受到波斯骑兵的攻击，其攻势迅猛，使贝利撒留的重骑兵难以坚守，步步退却，最后退到要塞达拉斯城下。拜占庭的重骑兵危在旦夕。

但是，由于波斯军队左翼骑兵进攻过快，使其与一直未动的中央阵线之间出现一个缺口，贝利撒留发现这个难得时机，命令全体骑兵向这个缺口发动迅雷不及掩耳的冲击。命令一下，正在待命的轻骑兵立即跃马飞奔，扑向波斯军队的薄弱部位。波斯左翼骑兵突然遭到从后方涌来的异乎寻常的攻击，队形立刻大乱，后面骑兵调头抵抗，前面骑兵也首尾不能相顾，无力再战。贝利撒留的轻骑兵乘机冲杀，重骑兵回头反攻。波斯左翼骑兵遭到前后夹攻，人人无心再战，纷纷逃离战场。于是贝利撒留命令一部分骑兵追赶逃敌，并从侧面向波斯步兵发起猛攻。贝利撒留的轻重骑兵同时从两翼攻击，步兵利用战壕作掩体，也投入战斗，波斯军队三面受敌，招架不住，最后被彻底消灭。

这次达拉斯会战，使波斯帝国遭到致命性打击，也是长期来，波斯人第一次败在拜占庭的手里。达拉斯会战的胜利为拜占庭的西征打下基础。

特里卡梅伦会战

533年12月,在迦太基附近的特里卡梅伦,拜占庭军队击败了汪达尔王国军队,这就是有名的特里卡梅伦会战。

532年,拜占庭皇帝查士丁尼正准备征服西罗马帝国,积极进行扩军备战。就在这时,君士坦丁堡发生起义。起义者以赛马表演为名,集合在竞技场上,高喊打倒统治者,他们捣毁官邸,杀死官吏,袭击皇宫,企图乘机改朝换代。查士丁尼惊慌失措,但皇后诡计多端,劝说查士丁尼收买起义者中的上层分子,接着把起义者召集在竞技场,大将贝利撒留带大军包围竞技场,加以残酷屠杀,约3.5万人横尸场上。查士丁尼的地位暂时巩固,又着手西征。当时在西罗马的废墟上,有很多王国,其中有:意大利和达尔马提亚的东哥特王国,不列颠东南的盎格鲁撒克逊王国,高卢的法兰克王国和勃艮王国,西班牙的西哥特王国,北非的汪达尔王国。查士丁尼早就想出兵这些国家,一直在选择进攻目标和寻求借口。

531年,北非的汪达尔王国发生政变,格里梅尔推翻了他叔父汪达尔国王希尔德里克政权,夺取王位。希尔德里克被捕下狱。希尔德里克在青年时代与查士丁尼是盟友,因此,查士丁尼以此为借口出兵汪达尔。

533年6月22日,拜占庭军队从君士坦丁堡上船,统帅是贝利撒留。这支军队总共有步兵1万多人,骑兵5000人,是一支精锐部队,战斗力极强。他们分乘500艘战船,由2万名水手驾船,护送战船的还有92艘快速小战艇。在途中因为风向、天气、食品等原因,有500人死掉,经过一个月的艰难航行,到达西西里岛。

贝利撒留的船队到达西西里以后,得知汪达尔王国的属地撒丁岛,正爆发起义;格里梅尔已离开汪达尔,忙于镇压起义,还不知东罗马帝国军队已经离开君士坦丁堡。汪达尔的精锐部队也在撒丁。贝利撒留掌握了这些情况,立即命令军队上船,直奔非洲。为了避免和汪达尔舰队相遇,拜占庭的船队经马耳他在非洲东部登岸。9月初,拜占庭军队在离迦太基城200公里的地方登陆,贝利撒留在那里安营扎寨。接着向迦太基城进军,前面是300人的骑兵,左翼是600名匈奴骑兵,船队沿着右海岸航行。9月13日,离迦太基只有16公里。格里梅尔得知罗马军队入侵后,立即派人调回撒丁的部队,又杀死希尔德里克一伙,命令部队准备同贝利撒留决战。格里梅尔把兵力分成3路,从不同方向控制通向迦太基的隘口,一路从正面阻击敌人,一路从左面进攻敌人,他自己带兵从后面攻击敌人。但因为进攻时间不一,在汪达尔的两翼兵力还未到达指定地点时,贝利撒留的前卫部队已经与汪达尔的正面部队交火。汪达尔人奋力战斗，不幸指挥官战死，士兵人人争先恐后逃命。接着另一路也被贝利撒留击溃。这时，在途中迷失方向的格里梅尔还在迂回行进，对另外两路大军被击败一无所知。后来，格里梅尔带兵来到正面阵地，与贝利撒留的先头队伍相遇。汪达尔人在格里梅尔的指挥下，勇敢战斗，几经冲杀，终于击退贝利撒留的先头队伍。但是，汪达尔军队被胜利冲昏头脑，没有乘机进攻，又没有退守迦太基城。就在这时，贝利撒留重整旗鼓，继续进攻，反而击溃汪达尔人。接着，贝利撒留乘虚而入，迅速逼近迦太基城下，并于9月15日顺利占领迦太基城。格里梅尔带着残部退到迦太基城以西的地方，在那里又重新组织力量。格里梅尔最后选择特里卡梅伦作为战场，组织了大约10倍于贝利撒留军队的兵力，在一条小河的对岸驻扎下来，准备再次决战。贝利撒留也在这一地区驻扎下来，可是没有首先发动进攻。双方相持了几个月，贝利撒留面对10倍的敌人，决心以劣势战胜敌人的优势。他用各种办法鼓舞军队的士气，对士兵说，虽然我们的兵力在数量上没有敌人多，但战争胜负的决定因素是精神和勇气。

533年12月，贝利撒留命令1500名骑兵向特里卡梅伦出发，自己带领全部步兵和500骑兵跟在后面，向汪达尔人营地靠近。格里梅尔得知贝利撒留出战后，当即带兵应战。大约正午时分，两军隔河相遇。当时贝利撒留的骑兵正吃午饭，格里梅尔没有抓住这个战机。他命令停止前进、又把骑兵分成3路。

等敌人吃过饭后再开始进攻。贝利撒留的骑兵也分成3路展开。贝利撒留亲自带领步兵和500名骑兵。双方开始对峙,格里梅尔不先开战,等待贝利撒留主动出击。他企图显示自己兵力单薄,以此来引诱敌人出战,在敌人过河后再开始反攻。贝利撒留命令一支小部队越过小河,向汪达尔军队伪装进攻,敌人还击。他们就撤退。可是汪达尔军队只还击,没有追击。后来贝利撒留又命令军队攻击其薄弱点,并顺利渡过了小河,汪达尔人虽然抵抗也无济于事。在贝利撒留的步兵和骑兵攻击下,汪达尔军队全面溃退。格里梅尔连夜率军逃跑了。贝利撒留对敌人穷追不舍,在途中俘虏很多汪达尔战士。又俘虏了格里梅尔。

经过6个月的战争,拜占庭消灭了汪达尔王国,征服罗马非洲属地的战争终于结束了。

塔吉纳战役

552年春天，在意大利中部的托斯卡纳地区北部的塔吉纳，拜占庭军队与东哥特军队发生会战，史称塔吉纳会战。

翌年，拜占庭国王查士丁尼消灭了汪达尔王国。535年，他又想用同样的战略战术来对付东哥特人，从那里夺回意大利。

当时，东哥特国王提尔多里克已死，没有儿子，死后皇位由外孙子阿塔拉里克继承。当时阿塔拉里克只有10岁，实际皇权操在他母亲阿马拉苏沙手中。不久，短命的，阿塔拉里克又死去，王位由阿马拉苏沙胞姊之子提尔达哈德继承。阿马拉苏沙掌权期间，为了巩固地位，经常与拜占庭来往，结成友好关系。不料，提尔达哈德登上王位后，杀死了阿马拉苏沙。拜占庭国王查士丁尼以此为借口，对东哥特人宣战，并扬言：拜占庭与东哥特只有战争，别无其他选择。

535年冬天，查士丁尼分兵两路进军意大利北路，由孟德带领，约3000人，从色雷斯向西，沿海岸北上，以吸引敌人主力。另一路由贝利撒留率领，有3000名正规军，还有4500名俘虏和降兵。查士丁尼用声东击西的计策，命令贝利撒留的军队向西西里进发。大约在年末，贝利撒留顺利地在西西里登陆，并夺得许多城市。此时查士丁尼派兵渡过墨西纳海峡，进入意大利半岛，并顺利地占领了意大利南部直到中部西海岸的那不勒斯。那不勒斯失陷后，东哥特朝野为之震惊。当时东哥特的国王是维提吉斯，他以少数兵力守卫罗马，亲自带领主力军对付拜占庭军队。但结果屡次失利，536年底，拜占庭军队占领罗马。538年，拜占庭援军5600名步兵和骑兵在意大利登陆。另一支7000人的军队在东部沿海登陆，在两支大军的进逼下，维提吉斯向东北撤退。拜占庭的贝利撒留带兵尾追其后，一路由他亲自带领3000人，沿海岸向北。一路在海上乘船北上。在拜占庭的强大军事压力下，维提吉斯考虑借助外国力量来增强抗敌力量，他分别向法兰克和波斯请求，联合对抗拜占庭。波斯对拜占庭的胜利早已不安，表示准备宣战。查士丁尼也最怕波斯从后面进攻，当听说波斯准备派兵出来干涉时深为不安。540年，拜占庭派使臣与东哥特议和，主动提出将波河以北全部意大利领土划归东哥特；波河以南，包括西西里岛，归拜占庭。议和未成。后来，查士丁尼对他的统帅贝利撒留产生疑心，把贝利撒留派往纵发拉底河一带，去对付波斯的新威胁。贝利撒留离开意大利后，东哥特人不断袭击在意大科的拜占庭军队，新即位的国王托提拉带兵占领意大利西北部，并向中南部发展。543年，东哥特人围攻那不勒斯，准备攻克罗马。查士丁尼苦无良策，只好调回贝利撒留。但是，贝利撒留已发觉查士丁尼对他不信任,他拒绝回调,要求辞职,回到君士坦丁堡。

这时,东哥特国王托提拉发动攻势,不断扩大战果,使拜占庭军队节节败退。查士丁尼不甘心失败,公元552年派宫廷总管太监纳尔赛斯为统帅带兵出征。他带着大量金钱和船只沿亚得里亚海岸向北进发。东哥特国王托提拉听到拜占庭、军队北上,也马上带兵迎战,并在托斯卡纳地区的塔吉纳村扎营。于是东哥特国王托提拉军队和拜占庭的纳尔赛斯军队展开一场会战。

纳尔塞斯军队和托提拉军队在塔吉纳村狭窄的平原上摆开战阵。这个小平原东西两面是山地。从双方阵势看,纳尔赛斯从兵力和地形都比托提拉占优势。因此纳尔赛斯采取守势,准备让东哥特人首先进攻,然后根据情况采取相应对策。东哥特军队阵势是把骑兵放在第一线,步兵配备在第二线,想用骑兵突破对方阵势,从而取得胜利。纳尔赛斯根据东哥特军趴的惯用战术,采用新的作战方法:在中央阵线配备8000名杂牌军,摆成方阵,这支队伍全部使用长矛。在方阵前两侧斜坡上配备了4000名弓箭手,形成半月形。在弓箭手后面又分别配备500名骑兵。另外在左前方的高地上,配备50名弓箭手。高地侧面又埋伏精锐骑兵1000名。这支骑兵是准备从后面袭击敌人的。托提拉没有马上进攻,因为他等待2000名骑兵的到来。一直等到午饭后,托提拉便开始进攻。他认为中央步兵是对方薄弱部位，便命令骑兵直扑中央阵线。当他的军队进入半月形的围圈内，拜占庭军队两翼的弓箭手立即还击。箭矢如雨，东哥特士兵纷纷落马。接着拜占庭骑兵从两翼包抄上来，配备在高地上的弓箭手也在发挥威力。东哥特的骑兵被阻击，步兵又害怕来自后面的攻击。到黄昏时分。东哥特军队的骑兵、步兵都筋疲力尽，开始后退。而纳尔赛斯却抓住时机进行全面反攻。正面骑兵首先投入战斗，拍马向前，冲向对方阵地，埋伏在高地两侧的拜占庭骑兵也从侧翼包抄过来，东哥特军队三面受敌，溃不成军，彻底失败。

塔吉纳会战对东哥特王国是毁灭性的打击。在会战中东哥特死亡6000人，被俘战士全部被杀。国王托提拉也死在败兵中。

普瓦提埃会战

732年，阿拉伯的首领阿卜杜拉曼和法兰克王国的查理·马特，在法兰克西部的普瓦提埃发生激战，这就是有名的普瓦提埃会战。

7世纪，阿拉伯兴起，入侵法兰克。

717年，阿拉伯军队同时从陆上和海上大举进攻拜占庭，12万阿拉伯陆军在马斯马拉的指挥下，渡过博斯普鲁斯海峡，直达君士坦丁堡城下，准备用封锁的方法，围困这座城市。从埃及和叙利亚调来的拥有1800艘船只的阿拉伯海军，在苏莱曼指挥下，也向君士坦丁堡开来。为有效封锁拜占庭，阿拉伯海军分东西两路，一路在西。切断从爱琴海方面来的援军和补给。一路在东，控制从黑海方向来的援军。在阿拉伯军队围困下，拜占庭皇上奥托惶恐不安，于是，决定使用"希腊火"袭击阿拉伯舰队。他们在船舰上，装上用石油硝石、硫黄和各种树脂制成的混合液，注进吸管里，等阿拉伯船只入港后，各舰船上的"希腊火"一齐喷射。这种"希腊火"能在水上燃烧。阿拉伯人压根儿未曾料到对方会有这种绝招，意外地吃了大亏。阿拉伯舰船着火，急忙逃跑。拜占庭用"希腊火"击败阿拉伯舰队。718年8月，阿拉伯军队被迫解围。后来欧默尔哈里发即位，也先攻取法兰克、日耳曼、意大利，再攻君士坦丁堡，最后攻大马士革。719年，阿拉伯军队越过比利牛斯山，入侵高卢的阿奎丹地区，而这里的法兰克军队，正从北面进攻阿奎丹。阿奎丹地区统治者欧多，面对严重形势束手无策。阿拉伯的军队在阿卜杜拉曼带领下，兵分两路向阿奎丹进攻，一路上毁城镇、烧村庄，杀人如麻。欧多面对阿拉伯军队进攻无力抵抗。节节败退。714年，法兰克在杰出宰相查理·马特统治下，统一了法兰克，接着向阿奎丹进军。731年，查理·马特带兵从奥尔良出发进入贝里地区，这时阿拉伯军队在阿卜杜拉曼带领下立即开到普瓦提埃城附近。具有军事经验的查理·马特深知阿拉伯军队的弱点，他认为不能过早发动进攻，一定要忍耐。因为阿拉伯人对于财物的贪婪所激发出来的决心和勇敢，就像洪水一样难以对付。但等到他们满足后，斗志就消失了。这时再攻击他们，他们很快就逃跑了。事实证实了马特的经验，他耐心地等来了这样的情况：阿拉伯军队携带很多劫获的物品，背上沉重负担，严重影响行动，阿卜杜拉曼只好把劫获物品丢弃，向南撤退。而查理·马特则乘机展开队形，两军相峙7天。

　　法兰克军队主要战斗力集中在步兵。他们的部队有两类，一是主将的私人队伍，这部分军队很有战斗力，受过严格训练，士兵素质好。一是当地的民兵，这部分军队装备不好，没有经过严格训练，纪律性也差，战斗力不强，他们的任务是收集粮草，保护补给。法兰克军队武器主要有刀剑、匕首、标枪和战斧。防护武器是防盾和铠甲。阿拉伯军队多是骑兵，武器是矛、剑，很少使用弓箭和甲胄。他们没有后方，战术上是原始的硬冲和勇敢的拼死。

732年10月，阿卜杜拉曼下令向法兰克人进攻。这支军队是喜好进攻的军队，没有防御能力，只有进攻，否则就是溃散。查理·马特不愧是位良将，他掌握对方的弱点，并采取相应的对策。在瓦提埃以东地方有条人字形的三岔河，查理·马特把军队分成3部分：把亲信部队列成一个坚强方阵，作为核心安排在三岔河低部中央。这些军队来自欧洲各不同部族，使用不同语言，人称为欧洲军；把步兵安排在欧洲军的前面，一字展开，为前列卫兵；最后是其他部队，安排在人字形的左右两侧。法兰克军队是夹水列阵，主力又背水而战。阿拉伯军队阵势在小高坡上，倚山俯瞰，颇为有利。

战斗开始后，阿拉伯军队用骑兵冲锋拉开战幕，而相对的法兰克中央阵线前面的步兵立即上前迎战。随后，欧洲军也向前冲锋，他们身着铠甲，手持盾牌和标枪，向敌人冲去。而阿拉伯军队骑兵按照惯例，挥刀跃马展开猛烈冲击，迅速突破了欧洲军前面的步兵，接着向方阵冲去，阿拉伯骑兵尽力冲杀，企图打乱法兰克军队的阵势。可是不管阿拉伯骑兵如何冲击，法兰克的方阵始终保持不乱。不仅这样，"欧洲军"还不断反击，他们挥刀砍断阿拉伯骑兵的马腿，刺杀士兵，勇敢而坚定，斗志旺盛。

在黄昏时分，阿拉伯军队多次进攻，但都没有突破法兰克军队的方阵。正当这时，法兰克的其他军队绕过阿拉伯军队侧翼，渡过小河，从后面发起攻击正在紧张战斗的阿拉伯军，突然听到后面有喊杀声，顿时魂飞胆丧。查理·马特看见阿拉伯军队混乱，乘机发起猛攻！全军斗志高昂。阿拉伯军队在前后夹击下，应战不及，于是夺路而逃。就在这时，法兰克军队从各个方位同时向阿拉伯军队进攻，捣毁他们的营地，摧毁他们的阵势。总督阿卜杜拉曼也战死在混乱中。时至天黑，阿拉伯军队彻底溃败。

普瓦提埃会战，使阿拉伯军队遭受惨重损失，彻底制止了阿拉伯人向欧洲推进，打破了他们控制地中海的梦想。

黑斯廷斯战役

1066年10月,在大不列颠的黑斯廷斯的森林附近小山上,为了争夺王位的哈罗德与威廉发生了激战。这次战役长达1个多月,是为著名的黑斯廷斯战役。

10世纪末,欧洲大陆上的丹麦人大肆向外扩张,1017年,征服了整个英格兰。丹麦国王卡纽特把英格兰、丹麦、瑞典和挪威统一成一个大帝国。不过在卡纽特死后,大帝国很快瓦解。1042年,爱德华代表盎格鲁·撒克逊旧王朝的势力在英格兰重新上台。1066年爱德华死去。按照盎格鲁·撒克逊的继承法,王位继承应由贵族代表大会决定,按照爱德华生前的诺言,应由爱德华的表弟威廉继承,但是结果哈罗德当选为国王。威廉知道后,非常愤怒。为了取得王位他只好与啥罗德开战。哈罗德王位也不巩固,尤其是英格兰中部和东北部都拒绝承认他的王位,形势对威廉有利。他凭借巧妙的外交手段,取得了教皇的支持,日耳曼和丹麦也支持,诺曼底诸侯以及法国其他地区、意大利地区的骑士,也都自愿效力。在严峻形势下,哈罗德的弟弟托斯蒂格叛变,带兵进攻哈罗德。接着挪威也向他展开进攻,哈罗德带兵反击,因为猝不及防险些丧命。

哈罗德动员了全部力量出击，但随之也用尽了全部粮食和补给，因此他解散了部队。正在这时，威廉带兵在不列颠南的苏塞克斯登陆。威廉登陆后，积极征兵，建造舰船，准备战斗。他率领陆军6000人，舰船450艘，水手4000人，于9月29日平安登陆，到达黑斯廷斯。黑斯廷斯在英国东南，是伦敦南面的交通重地，威廉在这里安营扎寨。哈罗德闻讯后带领队伍从伦敦出发，经3天时间，于13日夜到达黑斯廷斯附近的森林附近的小山上，在这安营扎寨。

威廉对哈罗德军队的情况完全了解，知道他的军队疲惫不堪，于是决定采取先下手的方针。大约深夜4点，他命令军队强行军，赶到哈罗德营地。威廉到达后立即部署队列：左翼是布列塔尼人，右翼是英格兰和其他雇佣兵，中央是自己指挥的诺曼底人。每一翼都分前后3个梯队。10月14日上午，战号长鸣，会战开始。诺曼底第一梯队投入战斗，向高地前进，沿着大道直扑山头上英格兰军队中央阵线，左右翼军队同时向两侧前进，两军中央阵线很快接近，但因为英格兰军队地处山顶，长矛、标枪、战斧都发挥威力，使诺曼底人损失惨重。又经过肉搏，双方拼命厮杀，各不相让，战斗空前残酷。但因为英军占据有利地形，阻止了诺曼底人的进攻。在后面指挥的威廉，一见队伍受阻，心急如焚。他从地上爬起，跳上另外一匹战马，高喊：大家看着我，只要我活着，我们就会胜利。他边喊边挥刀跃马冲上去。不一会，他的部队从混乱中稳定下来。接着，威廉调整了队伍，把骑兵调到前面，亲自指挥，重新展开攻击。这时，威廉发现自己所处的地形不利，很难取胜，于是他派骑兵佯攻，引诱敌人离开阵地，再下山追击，从而打乱敌人阵线。威廉军队的弓箭手和步兵按照命令停止了攻击，开始向后退却，骑兵进行佯攻。哈罗德军队看见威廉骑兵攻来，立即反击。不一会威廉骑兵退却，哈罗德军队不知是计，紧紧追击，并以为是胜利了，士兵振臂欢呼。威廉骑兵很快退进山谷，哈罗德军队与威廉军队在山坡前后距离很近。就在这时，威廉骑兵突然调转马头向正在追赶的哈罗德军队进攻，早已做好准备的弓箭手也万箭齐发。威廉军队在山上，而哈罗德军队在山下，地形正好对威廉有利。在箭矢如雨的攻击中，哈罗德军损伤惨重。时近黄昏，哈罗德军队疲惫不堪，箭矢用尽。在混战中哈罗德眼睛受伤，最后被杀死。他的两个弟弟也战死。威廉发现时机已到，下令进行最后攻击。因为没有主帅，哈罗德军队左翼遭到攻击后溃败。接着中央阵线也在威廉军队攻击下发生混乱。哈罗德的步兵、骑兵都乱作一团，向西北逃跑。但哈罗德的亲兵们依然临危不乱，退到高地上防守。

第二天，威廉在战场上发现了哈罗德的尸体，衣服已被扒光，并被砍成数段。威廉把哈罗德尸体弄到营帐里，然后命令士兵掩埋了。两天后，威廉回到黑斯廷斯，又继续前进，并占领南岸的多佛尔和坎特伯里城，保障了海上运输安全。由于威廉的援军不断到来，原来据守伦敦的哈罗德大臣们也纷纷投降。12月25日，圣诞节这天，威廉正式加冕。威廉终于取得了英格兰王位。

黑斯廷斯战役，在英国历史上是一次重要战役，英格兰从此完成了统一国家的历史使命。

曼齐克特战役

1071年7月4日,塞尔柱人和拜占庭帝国在小亚细亚东部的亚美尼亚地区曼齐克特城发生激战,这就是著名的曼齐克特战役。

塞尔柱人原来居住在中亚北部地区的大草原上,后来在酋长塞尔柱带领下,征服很多地区,统一各部落,到吐格利尔拜格任酋长时期建立王国,称塞尔柱王国。塞尔柱王国不断扩张,犹如洪水一样向西入侵拜占庭。那时的拜占庭日趋没落,在塞尔柱强大攻势下,不堪一击,农民四方奔散,城市被洗劫一空。

1050年,拜占庭女皇死后,帝国更加衰落。塞尔柱又向西进攻,1063年,吐格利尔拜格死去,阿尔颇·阿尔斯兰继位,其向外扩张的气焰更加嚣张。拜占庭帝国内部一直陷入王位争夺中,1067年,罗马拉斯继位,拜占庭帝国政局才稳定。他上台后,派出军队抗击塞尔柱人的入侵。1068年罗马拉斯组织一支杂牌军,向塞尔柱进攻。由于塞尔柱人采用游击战术,他们随时进攻,随时退却,退也迅速,进也迅速。因此,拜占庭军像捕蚂蚱一样,难有所获。1070年,拜占庭又发生新的战事,诺曼人侵入意大利南部阿普利亚地区，情况紧急。罗马拉斯遂放弃对塞尔柱人的战争，亲自回兵增援阿普利亚。罗马拉斯走后，塞尔柱人又猖狂起来，击败拜占庭军队，攻占曼齐克特城。

罗马拉斯听到曼齐克特被攻占，十分愤怒，1071年初，他从叙利亚征集一支军队，并带领这支军队向北征讨，准备收复曼齐克特和基拉特。正在这时，塞尔柱人苏丹阿尔颇·阿尔斯兰带领军队4万人，从摩苏尔来到基拉特城，准备迎战罗马拉斯军队。正在进军中的罗马拉斯根本不知道塞尔柱人的主力在什么地方。毫无精神准备的拜占庭前卫部队，突然发现在前面出现一支大规模队伍，仓促间未来得及准备，就遭到袭击。罗马拉斯如梦方醒，派兵再战为时已晚。当时罗马拉斯军队只有区区2万人，与阿尔颇·阿尔斯兰相比，显然众寡悬殊。罗马拉斯坚信，虽然塞尔柱人兵力占优势，但他们一贯进行游击战，从来没有打过会战，这次也不例外，因此，罗马拉斯拒绝了阿尔斯兰的和谈倡议，宣称：除了阿尔斯兰亲自到帐中求降，并撤出亚美尼亚外，否则不能考虑和谈。1071年7月4日，双方出兵开战。

罗马拉斯的军队部署：中央阵线由近卫军和首都部队组成，由自己指挥左右两翼分别由骑兵组成。另外在整个战线前面配备一条骑兵战线，在后方还用雇佣骑兵组成一支强大的预备队。罗马拉斯的兵力虽然没有阿尔斯兰军队强大，但他经过精心组织，同时又充满信心、他的中央方阵很有战斗力，里面有重步兵排成16列纵队，第一列把防护盾连在一起，以后各列把防护盾顶在头上。重步兵后面是弓弩手，他们的箭可从前列防护盾之间射出，骑兵步兵和突击射击密切配合，一旦对方列阵被冲垮，重步兵可随即以纵队突破。另外，罗马拉斯军队的编制也很完整，有战斗兵力和行政兵力之分。战斗兵力分骑兵、步兵和炮兵3种，骑兵戴钢盔、穿锁子甲、携带防护盾，使用的武器有弓、矛、枪、剑、斧等。步兵16人为1组，10组为1连，3连为1营。营分轻重，重步兵有装甲和防盾，轻步兵由弓弩手组成。炮兵使用轻型、中型和重型的投掷机，主要发掷石块和箭矢。行政兵由行李纵队、补给、工兵、救护兵组成。此外，每营配备一名军医、几名担架兵，还有车辆和驮马。

塞尔柱军队主要是骑兵弓弩手，使用弓箭、长矛和剑，战术是亚洲的轻骑战术。队伍没有组织可言，每一群跟自己首领去作战，相互之间发生摩擦。说冲上去，就胜利；说失败就溃散，叛变。但阿尔斯兰带头参战，亲临前阵指挥。战斗开始，塞尔柱的骑兵弓弩手首先跃马冲杀，搭弓放箭。拜占庭军队左右两翼骑兵遭到攻击，还没有出现多大伤亡就开始后退，还有些士兵逃跑。中央阵线虽然坚持发起冲锋，可是塞尔柱人猛烈射击，使他们难以前进。罗马拉斯又命令重装步兵出击，他们高举盾牌，阵势严整，冒着石林箭雨，向前冲锋。塞尔柱的骑兵面对重步兵的进逼，被迫弃弓而逃。

时已黄昏，在无际的草原上，塞尔柱士兵混乱地撤退。而拜占庭军队在草原上游荡，人马连水都找不到，想前往基拉特城。又怕中埋伏。于是，罗马拉斯带兵后退，刚刚开始退却，塞尔柱军队突然发动猛攻。在突如其来的攻击下，罗马拉斯命令军队停止后退，准备反击敌人。但意外的是预备队拒绝抵抗，反而照样继续后退。骑兵预备队也撤走了。这样，前面步兵失去掩护，塞尔柱的轻骑兵立即绕过拜占庭军队的侧翼，集中全力攻击拜占庭军队左翼后面的步兵。拜占庭左翼士兵遭攻击后，全部溃逃，接着右翼士兵也跟着溃逃了。这时塞尔柱轻骑兵组织力量攻击拜占庭的中央阵线。中央阵线已处于孤立无援的地位，但仍顽强抵抗，坚持奋战到黑夜。罗马拉斯也以最大的勇敢精神亲自参战，战马被砍死，自己负伤，但仍然坚持战斗，直到最后被俘。中央阵线将士全部战死。

第二天，阿尔颇·阿尔斯兰在营帐内看到被俘的罗马拉斯，强迫他签订了合约。阿尔颇·阿尔斯兰获得重金赔款，并释放了罗马拉斯。可是就在几天后，君士坦丁堡发生政变，凯撒约翰杜卡斯夺得王位，罗马拉斯又集中残部大举讨伐，结果落入敌手被害而死。

曼齐克特会战使罗马拉斯的军队惨遭失败，对拜占庭帝国来说，确是致命一击。从此拜占庭帝国失去了亚洲地区，也失去了最优秀的兵源。

耶路撒冷战役

1099年9月的一个星期，欧洲基督教的十字军联军和耶路撒冷王国的伊斯兰教徒，在圣城耶路撒冷发生了激战。这就是著名的耶路撒冷战役。

1095年11月，教皇乌尔班在克勒芒大会上发表煽动性的演说，号召教徒东征，很多基督教徒为了从穆斯林手中夺回"主的坟墓"，纷纷向东出发，并称远征是"走上主的道路。这批东征基督教徒衣服上缝有用红布制成的十字，故称十字军远征。当时欧洲正处在空前大灾荒之中，许多无以为生的西欧农民受天主教会和封建贵族的欺骗，幻想到东方寻找谋生的乐土，因此参加东征的盲目性更强了。1096年2月，这支东征队伍在法国彼得和德国瓦尔特带领下出征。参加东征的人数众多，队伍浩浩荡荡，据说："参加的人像天上的繁星和海中的砂粒一样多，实际上有6万多人。这支东征大军沿着莱茵河、多瑙河顺流而下，经匈牙利、保加利亚，直奔拜占庭的君士坦丁堡。这支由法国、德国破产的农民组成的首批十字军，被人们看成是土匪，沿途受到毫不留情的阻击。其中只有一半人在夏天到达了君士坦丁堡，渡海后又被塞尔柱人消灭殆尽。1096

年8月，第一支由封建主和骑士组成的真正的十字军东征开始，共分四路：第一路由德国骑士组成，在高弗黎带领下从布维出发，经纽伦堡、维也纳、贝尔格莱德到君士坦丁堡。第二路由法国诺曼底骑士组成，罗伯特带领，从里昂出发，经热纳亚、罗马到巴尔干半岛。第三路由法国南部骑士组成，雷门带领，从土鲁斯出发，经米兰到君士坦丁堡。第四路由意大利南部骑士组成，波孟带领，从大兰多出发，过亚得里亚海，到奥利赫德。四路十字军总共约有三四万人，于1097年春在君士坦丁堡会合。拜占庭皇帝阿列克塞很快把他们送往小亚细亚。十字军渡过海峡后，遭到塞尔柱骑兵的猛烈袭击。疲惫不堪的十字军死在穆斯林马刀下者不计其数，又因天气炎热，疾病传染，死亡众多。公元1097年，经过千辛万苦抵达多里列，在这里又与塞尔柱人发生激战，虽然塞尔柱人战败，但十字军也付出了重大的代价。接着又占领了厄德撒地区。1098年十字军攻克安条克，牺牲更惨重。十字军进城后，对城内居民进行了疯狂的屠杀。

1099年，十字军东征到巴勒斯坦，并包围了圣城耶路撒冷。十字军的旗帜是基督教的十字旗。驻守在耶路撒冷的土耳其人的旗帜是嵌有一弯新月的穆斯林教的新月旗。这样，十字军与新月军在圣城耶路撒冷展开了举世闻名的战斗。耶路撒冷城非常坚固，高大雄伟的城墙用巨大石块砌成，易守难攻，固若金汤。十字军攻城使用攻城梯，无济于事。在长期围攻中，十字军因为天气炎热，人和马的饮水发生很大困难，因此战士们不得不去遥远的地方寻找水源。然后再把水装进皮革口袋里，运回耶路撒冷城外。十字军的将领又命令骑士从当地找来技术最好的木匠，又派骑士从附近搜掠来大量木材，开始制造攻城器械。十字军制造了攻城和攻城塔。攻城塔外形如塔，分多层，塔上蒙盖牛皮，塔中藏着敢死队。在攻城塔下面设有攻城，攻城是用一根巨大的树干做成，前头是一个沉重的锐器，采用杠杆作用原理。攻城时，骑士们使出全身力气使攻城重击城墙，即可很快把最坚固城墙砸出一个窟窿。1099年9月的一个星期五，天还没有亮，耶路撒冷城突然遭到十字军的猛烈攻击。还在没有发动总攻之前狡猾的十字军就把攻城机械拆开运到城墙脚下，并在城墙下偷偷地安装起来。当十字军进攻号声响起时，攻城塔中的敢死队蜂拥而上，用最快的速度接近城墙根，用最猛的力量攻击城墙，使城墙快很出现破洞。城中的穆斯林坚守镇静，他们日夜煮沸油汤，敌人攻城时，将沸汤从城墙上向下泼去，同时投下火炬，热油和火炬齐下，把一些狡猾的十字军活活烫死、烧死。但是，城墙已被撞出缺口，十字军用点燃的木材放火，烧毁城内穆斯林前沿阵地上的一座塔楼，大火蔓延，熊熊烈烈，城内一片惊恐。正午时分，十字军在"上帝保佑"的呼叫声中纷纷登上墙头，并竖起了十字军的旗帜。坚守耶路撒冷圣城的穆斯林们开始溃逃，他们边退边战，最后在城内展开巷战，巷战是空前激烈和异常残酷的。最后这些穆斯林们退却到所罗门神庙，在这里勇敢的穆斯林与十字军展开白刃战。十字军用灭绝人性的手段，带着宗教的仇恨，屠杀了大批穆斯林。仅在所罗门神庙就有1万人被杀死，甚至连妇女和孩子们也不能幸免。最后神庙被烧毁。当时的惨状是：如果你站在那里，从脚到大腿上，会粘满死人的鲜血。

十字军占领了圣城耶路撒冷，那些骑士们在所罗门神庙列队，骑士的马蹄子在战鼓声中踩着穆斯林的尸体奔驰而过。十字军在耶路撒冷城开始大抢劫，为了寻求金银财宝，他们用带血的剑把穆斯林尸体的肚皮剖开，取出被杀者生前吞下的金币。因为被杀的穆斯林太多，没有时间一个一个的剖开肚皮，所以十字军就把穆斯林尸体堆积起来，然后放火焚烧，浓烟滚滚，血腥气冲天。然后，十字军就在灰烬中寻找出金币和黄金。抢掠和烧杀一直持续了好几天。对城里的市民，十字军也没放过。他们首领下令，谁先占领住宅或宫殿，这座住宅或宫殿就归谁所有。这样圣城耶路撒冷很快被洗劫一空。

十字军攻占耶路撒冷后，建立了耶路撒冷王国，法国的高弗黎为耶路撒冷国王。从此十字架代替了新月旗，第一次十字军东征结束了。

从第一次十字军东征开始，西欧教俗封建主和大商人在罗马天主教会的发动下，打着从"异教徒"手中夺回"圣地"耶路撒冷的旗号，对东部地中海沿岸各国进行了持续近200年的侵略性远征。直到第八次十字军远征失败后，1291年十字军在东方最后一个据点阿克被埃及军队夺得，十字军远征才宣告彻底失败。在近200年的十字军东征中，东方各国的社会经济与文化遭受了一场空前的浩劫，无数生灵惨遭屠戮，同时西欧各国也有数十万人死于非命。但十字军东征在客观上也促进了东西方的经济与文化交流。

哈廷会战

1187年7月4日，在耶路撒冷以北的哈廷山顶上，发生了埃及国王撒拉丁带领的穆斯林军队与耶路撒冷国王律星云的归多部队的激战，这次宗教战争极端残酷。

自从1095年，教皇乌尔班煽动起来十字军远征，先后有大批农民组成的十字军向东方进军，向地中海沿岸的地区发动侵略战争。1171年埃及国王撒拉丁统一了穆斯林力量，并以此来对付十字军的战争，而十字军强占并控制的耶路撒冷就是其首定目标。

耶路撒冷王国自成立以来，就面临来自北方和东方塞尔柱人的威胁。这些塞尔柱人异常剽悍凶猛，不断对耶路撒冷发动进攻。接着又有来自南方的威胁，形势越来越严重。于是耶路撒冷国王就同埃及国王撒拉丁讲和，并缔结了休战协定。可是，耶路撒冷的一个领主累诺德，据守死海东南的基拉克城，多次抢劫，破坏协定。基拉克城是大马士革通往阿拉伯麦加的要道。累诺德不遵守协定，袭击商人，又带领队伍袭击麦加，企图毁坏"先知者"穆罕默德的坟墓和麦加神庙。埃及国王撒拉丁对此非常愤怒，决心出兵消灭累诺德，但没有得手。

1185年，叙利亚和巴勒斯坦大旱不雨，饥荒造成混乱。1186年8月，耶路撒冷国王年幼，政局动荡。1187年春天累诺德在基拉克城堡的高塔上观察到从开罗去大马士革的商队，于是带兵去袭击，并把钱财货物抢劫一空。撒拉丁要求耶路撒冷国王赔偿，惩办凶犯。国王没有采取措施，撒拉丁以此为借口发动了"神圣战"，发誓要惩办累诺德。耶路撒冷国王律星云的归多在一些骑士的压力下，派雷蒙德与撒拉丁和谈。撒拉丁借机带兵进攻加利利湖西岸的太巴列，因为这是雷蒙德妻子的封地。接着又组织6万人军队向耶路撒冷进攻，而首先进攻太巴列。雷蒙德认为撒拉丁进攻太巴列是一圈套，建议国王不用出兵抵抗。国王开始相信了雷蒙德的话，但后又改变，派兵抵抗。7月3日，耶路撒冷的十字军拔营东进，全军共有骑兵1200名，轻骑兵2000名，步兵1万人。这支队伍到达太巴列附近的山区，这里到处是奇石怪丘，光秃秃的，只在低洼处有些茅草。雷蒙德对这次出兵心神不安，担心中计。撒拉丁得知十字军正在开来，心情非常激动，情不自禁地高呼："真是天遂人愿呀！"于是立即派轻骑兵牵制十字军前卫，派另一支队伍绕到后面去进攻。时到中午，天气酷热，士兵难以忍受，漫天的沙尘令人窒息。十字军口渴难忍，拼命喝水，把水全部喝光。士兵疲惫不堪，在沙漠中挣扎。最后只好在哈廷特附近高地斜坡上宿营。雷蒙德面对眼前形势，深知不妙，非常懊丧。天色已黑，酷热口渴在折磨着十字军战士。同时撒拉丁的队伍在周围骚扰，又不断发出进攻恐吓。撒拉丁人还在周边点烧柴草，浓烟滚滚，熏得十字军士兵困苦不堪。

7月4日，撒拉丁军队开始进攻，猛烈的弓箭射击，使十字军步兵损失很大。国王律星云的归多为了保护步兵，命令骑士对付敌人骑兵，因此而发生了混乱。有的步兵因骑士拥挤而爬上山坡，高喊"救命"，其他士兵也爬上山坡。国王命令下山也没人执行。最后又用骑士把步兵从山坡上赶下来。在山坡上，步兵、骑兵、弓箭手混成一团，前进不得，后退不能。

但是，十字军的骑士还是很勇敢顽强的，他们面对强大敌人的飞箭如雨的进攻，依然顽强向前冲杀。撒拉丁看到这些骑士的无畏精神，也为之一惊，心里格外敬佩。十字军骑士战斗是勇敢的，但终因兵力悬殊，寡不敌众而退却。撒拉丁命令全线出击，从四面八方把十字军包围起来，雷蒙德和他的前卫队伍也在包围之中。

被包围的十字军无力再战，他们就举起武器向着十字架齐声祈祷，乞求天主来解救他们。国王律星云的归多也狼狈地找雷蒙德，要求设法搭救他脱险。一些高傲的贵族也深知自己的处境危机，决心破釜沉舟。他们集中所有骑马的骑士，准备齐心杀出一条血路，冲出包围圈。撒拉丁看见这些拼命的亡命骑士，知道难于抵挡，就下令让开一条生路，放他们逃跑，其他的十字军则被撒拉丁的队伍紧紧围在中间。一些企图向外冲的十字军战士，都牺牲在箭和剑的下面，没有一个人幸免于难。

最后，十字军被围在哈廷山顶上，周围筑起一道火墙。疲惫、饥渴的十字军士兵，火墙、人墙使他们没法逃脱，为免于死亡，只好投降。

哈廷会战结束了，上百名骑士和上千名十字军步兵战死。国王律星云的归多被俘，其他如雷蒙德、国王兄弟及雷蒙德儿子也没幸免。撒拉丁友好地接见了被俘的耶路撒冷国王律星云的归多，处决了累诺德，实现了他复仇的愿望。

哈廷会战结束。十字军已无力抵抗，坚固的城堡也变成没人守卫的石堆。1187年9月20日，撒拉丁包围了耶路撒冷，10月2日进入耶路撒冷，十字军全部溃败。

楚德湖会战

1242年4月5日,在楚德湖东部的冰上,俄罗斯军队与德国的十字军骑士发生激烈战斗,这就是有名的楚德湖冰上会战。

德国骑士兵团在12世纪征服了波罗的海南岸的从易北河到维斯瓦河河口一带地区,使这个地区的斯拉夫人遭到剑与火的折磨。后来,他们又向东推进,直到波兰和立陶宛。德国以信奉宗教不同为借口,在教皇的支持下,打着十字军援助的旗号,征讨利沃尼亚人。征服这地区以后,为了更顺利的征讨,又成立了宝剑骑士团,随后占领波洛次克公国。

1237年,宝剑骑士团和条顿骑士团合并,实力大增,这对俄罗斯自然是一种威胁。正在这时,瑞典公爵毕格尔带兵5000人及同盟军和100艘舰船在涅瓦河登陆,扎下营塞。当时俄军守卫涅瓦河口的海上警卫队发现敌情,急忙向诺夫哥罗德公爵和亚历山大·雅罗斯拉维斯报告。于是亚历山大调集兵力对付瑞典军队。7月15日,大雾弥漫,俄罗斯军队采用步兵和骑兵协同作战的战术,大败瑞典军队。亚历山大作战有功,被誉为涅瓦河之王。1241年,德国十字军骑士团继续进攻乔索沃、路加以及科坡里耶堡，设立据点，修建要塞，抢劫掠夺不止。1242年，亚历山大带领俄罗斯联军闪电般地袭击德国骑士团，并夺回普斯科夫。普斯科夫光复后，亚历山大带兵北进，试图最后消灭德国骑士团。在楚德湖西哈马斯特村，亚历山大军队与德国骑士团相遇。骑士团首先开战，俄罗斯军队仓促上阵，结果骑士团大胜。亚历山大又组织反击。德国骑士团通过楚德湖和普斯科夫湖之间狭窄小道，到达楚德湖东岸。这地方有温泉，湖水较暖，春季冰薄，而十字军骑士又都是重装骑兵，人人都披挂着笨重铠甲，如从薄冰上通过，就可能陷入冰湖里。亚历山大利用这一地形，在楚德湖东岸展开追击战。德国骑士团很快到达，俄罗斯军队还没展开队形，双方便开始交战。骑士团摆的是猪嘴阵，即楔形阵。中央前面是重装骑兵，后面是以长矛做武器的步兵，两翼后方由德国骑士加以保护。战斗时，用楔尖直插敌人中央，使之分裂。但两翼兵力单薄，易被攻破。亚历山大熟悉德国骑士团作战的长处和缺点，他充分发挥俄罗斯军队的优势，采用相应战术，把数量不多的精锐步兵配备在中央，另一部精锐步兵配备在两翼，在整个阵势前一线展开的前卫兵团，主要有轻骑兵、弓箭手和投石手。亚历山大的侍卫骑兵、贵族骑士部队埋伏在左翼后面。俄罗斯军队有1.7万人，整个作战宗旨是躲避主力，用薄弱力量对付德国骑士团中央阵线，而把精锐部队指向敌人两翼，从两翼夹攻敌人。

1242年4月5日，战斗开始，德国骑士团首先出击，楔形阵楔"尖"上的重装骑兵向俄军前卫团进攻,前卫团立即迎战。霎时箭矢如雨,但骑士团利用防盾作掩护,冒着雨前进。俄军中央阵线退却。骑士团的重骑兵尾追到岸边,正好陷入俄罗斯军队两翼的夹击里面。俄军两翼精锐步兵迅速迂回到骑士团的侧翼和后方,开始猛攻,骑士团受到夹攻后急忙应战,于是,俄军步兵挥矛舞剑和德国骑士团重装骑兵展开激战,白刃相交,鲜血四溅。有的骑士被砍死,有的骑士在混乱中被战马踩死。整个骑士团顿时陷入混乱,被压缩在狭小地段上。一部分骑士冲出包围圈后,向湖上冰面走去,不料因为冰薄而陷入冰湖中淹死,只有少数骑士逃出活命。

在楚德湖上,骑士团被击溃,俄罗斯军队发挥了步兵的优势,密切配合,从而取得了胜利。在这次战役中,德国骑士团有500名骑士和数千名士兵战死。战败后,德国骑士团向俄罗斯求和,缔结了和约。十字军被迫放弃了占领区。

楚德湖之战是中世纪著名战役之一,是步兵利用地形和合理战术,大胜重装骑兵的一个典型战例。骑士军在会战中遭受的损失是重大的,约500名骑士和数千名武士被击毙和被俘,总共损失将近万人。俄罗斯有3500人战死,同样的人数受伤,其中的战死者多半是受伤后不及救治,在冰天雪地里由于失血过多体温下降冻死的。这次战斗中使人感到新奇的还有一点,即俄罗斯军队第一次去追击被击溃的敌人,而不是像以往那样打了胜仗后留在战场上欢庆胜利,这给他们的敌人造成了很大的损害（掩杀的威力）。亚历山大·涅夫斯基由于涅瓦河、楚德湖两役的胜利，去世后被俄国东正教会尊奉为圣人。在卫国战争期间，苏联政府还曾命令设立以亚历山大的姓名命名的勋章，以奖励那些战功卓著的军官。

阿金库尔战役

阿金库尔战役是英法百年战争中的经典战役。英军于1415年8月开始围攻哈福娄港，但守军的顽强抵抗令围攻过程大大延缓，直到9月围攻战结束，英国人由于疾病而损失可达4000人。亨利五世不得不率领剩下的约9000人前往英国在法国北部唯一的根据地加来港，沿途因痢疾而不断有掉队及减员。

与此同时，法军正在从容不迫地集结和调动自己的军队。10月24日夜晚，当双方军队最终接触而扎营时，英军仅剩5900人，包括900位徒步骑士和5000位长弓手，已经4天未有正规的伙食供应，士气相当低下，并因缺少遮掩正在大雨中忍冻挨饿。

英王亨利五世请求和谈被法军拒绝，于是双方不可避免的进行了一场决战。当地地形是向北的通路穿过两侧的树林，由于暴雨的影响，土地尚未彻底恢复，英国军队利用树林掩护，向北延伸排开自己的士兵，骑士分为3个部分布置在前方且全部下马参战，弓箭手则按照楔形分布。法国人将军队分配为中央、侧翼和后卫四个部分，其中两个侧翼各有1100位血统高贵的骑士准备冲锋（其中包括12位有王室血统的王子），后卫另有9000骑兵，剩余所有徒步的力量均集结在中央，由于拥挤，中央实际上缺乏有效的队形。大致分为3线，中间一线为弩手。

法军的第一阵包括8000名，他们都下马作战，成为重装步兵，另外有4000名弓箭手和1500名十字弓兵作为支援。指挥他们的是王室总管、大元帅、奥尔良公爵和波旁公爵等人，十字弓兵的总指挥官也在第一阵中。虽然，原先打算让他指挥左翼骑兵，现在他的岗位交给另一位爵士，其麾下由1600名重骑兵；右翼骑兵800名，这些骑兵的布阵稍稍突前，许多闻讯赶来的大小贵族也凑到两侧骑兵队中，指望着在第一次冲锋中扬名立万。

第二阵的重步兵人数在3000到6000人，主要由武装侍从和下级扈从组成，指挥官是巴尔公爵、阿拉贡公爵和内维斯伯爵等人。根据原先的计划，这些远程攻击部队将在全军最前列与英国人对射，但可能是怕重蹈克雷西战役的覆辙（那次打头阵的大批热那亚十字弓兵被自己后方的重骑兵冲上撞倒），法国骑士站在最前列。不管怎样，法国弓弩兵现在被夹在人丛中间，起不到任何作用。

第三阵都是马上的骑士，人数在8000到10000人。他们的任务是打扫战场，把落荒而逃的英国人从乡间水沟里一个个揪出来。因此，排出的队形也很松散，更没有明确的指挥官。在他们更后方的位置上是数万名非战斗人员，其中有牧师、疗伤的医生、等着卸盔甲的随从，还有等着看热闹的村民。

两军从早上7：00开始对峙，大约4小时后，亨利命令英军主动向前推进，此时，弓箭手改为前锋，其余步兵留在背后，直到大约400码停止。弓箭手们使用自己事先准备的木桩就地组成了一道简易屏障。此时，法国人也开始失去耐心而进攻，两侧骑兵首先发动冲击，但是在狭窄的战场中未真正接触对手即被英军的射击打散，即使少数来到英国人面前的士兵都不能突破木桩屏障。随后正面军队也开始接近，但土地由于战前的大雨，以及刚被骑兵们践踏而异常泥泞，法国人缺乏纪律和队形，所以在对方的密集射击中损失惨重。由于战场受地形限制呈带状，他们在前进中不自觉就向中央聚集，这进一步加剧了混乱。

当法军终于到达英军面前时，他们遭遇了英军负责掩护弓箭手的步兵们的反击，虽然，法军依靠人数优势一度压迫对手后退，但是，恶劣而混乱的战场令其精疲力尽，身上的重盔甲完全成了活动的累赘，手里的长戟又相当不适合在这拥挤的环境中使用。当英国轻装的长弓手们停止射击而使用各种短武器加入战斗后，战斗迅速向英军倾斜，很多法国人被屠杀或者被俘。法国弩手们无法射击，很多人实际上整场战役一箭未发即退出了战斗，第三线的步兵们早已和第一线拥挤在一起而一同接受了命运。更多的人包括后卫的骑兵都纷纷逃离了战场，最后只剩余有600骑兵发动了次冲锋，但也同样完全无法改变战局。

法军在全场战役中唯一的胜利是有人袭击了英军的后卫军营，夺得了相当一些战利品，但这也可能令亨利五世怀疑自己的军队尚受到包围威胁，为避免意外，他下令处死了几乎所有法国战俘，包括公爵。

几乎所有英国骑士听到这样的命令都表示难以接受，拒绝执行这种不名誉的任务。亨利原先打算保留几名最大的贵族，像奥尔良和波旁的公爵，但此刻即便是最高贵的门第也无法保证身家性命。因为任务的最终执行者是两百名弓箭手，出于民族感情，当然更多的是阶级仇视，他们很乐意完成这种工作。凶器便是弓箭手随身的小匕首，从面罩的眼缝中插进去，简单、快捷、冷血，身上还穿着重甲而手无寸铁的法国俘虏连抵抗的机会都没有。这种残忍的屠杀对中世纪的军事浪漫主义是种极大讽刺，所谓绅士之间堂堂正正的交锋最后是如此下场。阿金库尔战役就此收场，法国方面死亡了5000名大小贵族，包括3名公爵，5名伯爵和90名男爵，更有1000多名贵族被俘，包括大元帅（1421年死在英国）和奥尔良公爵，加上一半的小兵步卒，法国损失过万；英国方面战死的贵族只有13人。其中包括爱德华三世的孙子约克公爵，长弓手战死者在100人左右，令人咋舌的伤亡比例。

此战法军损失过万，仅大大小小的贵族就战死了5000多，其中包括3位公爵，5位伯爵和90位男爵，皇室总管在战斗中死亡，法军大元帅则被俘（虽然未被作为俘虏屠杀但后也终死监狱），而英军最大的损失是战死的约克公爵，其他损失不过是十余名骑士和100余长弓手。这场战斗的结局转变了英国人之前被动的形势，此后英军节节胜利，直到圣女贞德出现再次扭转战局。此战被法国人认为是奇耻大辱。

著名的V字手势，传说即是自这场战斗开始。由于法国人鄙视英国弓箭手的低微，战前宣称说一旦抓住俘虏会剁去其两个手指让他们一辈子不能再射箭。而战斗结束后，英国弓箭手纷纷叉开双指向对方炫耀自己仍然完好，从此也就成了表示胜利的手势。

奥尔良战役

在英法百年战争的末期，即英法百年战争的第四阶段（1424～1453），英国侵略军与法国军队在奥尔良发生战斗，人们称为奥尔良战役。

15世纪初叶，正当英法百年战争的末期，两国民族矛盾日趋尖锐，1415年8月，英国军队在诺曼底登陆，很快占领巴黎及其北部广大地区。兵火所及，地荒人亡。而法国军队一溃再溃，致使法国大有沦为英国的殖民地的危险。但是，广大法国人民不甘心失败，决心与英国侵略军战斗到底。

1428年10月，英国军队开始围攻法军占领的重要城市奥尔良。奥尔良的战略位置极为重要，它是通往南部的门户，如果英军攻克了奥尔良，它就获得了巩固的后方，从而可以肆无忌惮的南下。如果法军丢失了奥尔良，也就会使法国完全陷入英军统治之下。但是，在英国侵略面前，以法国王子查理七世为首的贵族们都被吓破了胆，没有一名大臣敢于带兵前去解救奥尔良。在这千钧一发之际，一位年仅19岁的女青年贞德，女扮男装，晋见国王，请求带兵去解救奥尔良。

贞德（1412～1431）是法国抵抗外族侵略的民族英雄，是法国历史上最可敬佩的人物之一。她出生在法国香槟省和洛林交界的杜列米村。家庭是贫困农民，从幼年起开始牧童生活。因为生活锻炼，使她性格坚强，不怕困难，敢于斗争。

1428年10月，英国军队围攻奥尔良，贞德积极参加了反抗英国侵略军的斗争。1429年春天，她来到沃古勒，求见当时驻防该地的司令波德黎库尔。波德黎库尔在贞德的一再要求和诚恳态度的感动下，把贞德的要求向法国王太子反映了。1429年3月8日，王太子接见了贞德。贞德向王太子表示要求带兵解救奥尔良，这一庄严的要求，使王太子在危难中看到了希望。后来经过议员和教授的审查，认为没有理由拒绝她的请求。1429年4月27日，法国王太子查理授于贞德"战争总指挥"的头衔，并赠给她宝剑和坐骑。贞德的报国心愿终于能够实现。她带领军队向奥尔良挺进。此时，奥尔良在英军包围下已有半年之久，城内军民粮尽食绝，极端困难，天天盼望援军。然而城外的英军却日益缩小包围圈，想方设法逼迫奥尔良投降。

法军作战总指挥贞德来到前线，对如何打好这一战役，做了认真考虑。为了扭转战争的危局，她把握战机，选准英军在勃艮第大门的薄弱环节作为突破口，集中全部力量从这里突破包围圈。贞德一马当先冲入敌阵，全体战士以万死不辞的勇敢和迅雷不及掩耳之势，猛烈攻击勃艮第大门，矛挑剑刺，与战士杀出一条通往城里的血路，围城的英军一见形势不好，难以抵抗，便四处逃窜。这时城内法军也乘机出击，两支队伍会师。法军进入奥尔良城，为城内军民带来了胜利的希望。人民欢欣鼓舞，欢迎法兰西民族女英雄。贞德带领援军进城，英军也随之缩小包围圈，并加紧修筑工事。5月2日，贞德亲自去前沿阵地视察，部署作战，准备迎接英军新的攻势。在视察中，贞德发现英军的一个致命弱点，就是围城的各堡垒都各自守，相互间很少联系，作战时迅速集中兵力会发生困难。5月4日，贞德带领军队与奥尔良武装市民部队，联合攻打英军在城东的桑鲁要塞。贞德冲锋在先，临危不惧，法军士气大振，勇敢投入战斗。这时英军从城西堡垒抽调兵力来支援，企图从侧面攻击法军，使法军两面受敌。贞德面对严峻形势，镇定自若，她命令一部分兵力组成防线，死死顶住这伙援军，自己带领队伍以更凶猛的攻势，继续攻击要塞。经过3小时血战，终于攻克了桑鲁要塞。英军有176人战死，40多人被俘。这是奥尔良被围困以来的第一次胜利。这次夺取桑鲁要塞的胜利，意义十分重大。从此法军控制了卢瓦尔河上游地区，为解除奥尔良的包围开辟了道路。5月6日，贞德又带领军队进攻屠棱要塞，屠棱要塞在卢瓦尔河下游，战略位置十分重要。5月7日早战斗开始，贞德依然是冲在前面，在接近要塞时，她首先爬上攻城云梯。在她带动下，战士们更加英勇。贞德冒着箭雨冲到城墙上，英军慌忙集中火力向贞德射来。不幸，贞德肩部被射中，并从云梯下跌落下来。贞德负伤后，毫无惧色，她从容地把箭头拔下，忍着剧痛，又继续投入战斗。英军顽强据守，拼死抵抗，因此战局长时间对峙，双方互有胜负。在这关键时刻，贞德振臂高呼：勇敢地战斗吧！胜利就在前面！她不顾生命危险，奋力冲杀。士兵纷纷而上，以一当十，勇敢战斗，最后终于夺取了屠棱要塞。5月8日，是法军获得巨大胜利的日子，一天内攻克了英军兵60座堡垒，英军败如山倒，狼狈而逃。5月9日，被英军围困长达209天的奥尔良终于重新回到法国人民手中。

奥尔良战役的胜利，扭转了法国在战争中的危局，使英法"百年战争"从此朝着有利于法国方面发展。

君士坦丁堡战役

1453年4月18日，在君士坦丁堡土耳其与拜占庭之间发生激战，这就是有名的君士坦丁堡战役。

15世纪中叶，土耳其帝国为了向外扩张领土，发动了对欧洲的战争，在苏丹穆罕默德二世带领下，对拜占庭帝国孤城君士坦丁堡发动围攻。虽然拜占庭的军队经过英勇奋战，一再击败土耳其侵略军的进攻，但最后在大敌压境、寡不敌众的情况下，于1453年5月29日，君士坦丁堡被土耳其攻陷。拜占庭的最后一位皇帝君士坦丁十三在战争中战死，拜占庭帝国宣告灭亡。以后，土耳其把君士坦丁堡改名为伊斯坦布尔，并以此为奥斯曼土耳其帝国的首都。

在中亚崛起的铁木尔帝国于15世纪初，开始向小亚细亚地区伸展。1402年，在与土耳其在安卡拉附近的一次会战中，铁木尔军队彻底粉碎了土耳其军队，并把土耳其苏丹巴耶塞特俘虏。土耳其因为在军事上的失败，暂时收敛对外侵略扩张。

西罗马灭亡以后，东罗马（拜占庭）继续存在好久，拜占庭的领土也越来越小，最后只剩下君士坦丁堡和周围的一小片土地。君士坦丁堡作为拜占庭的首都，位置非常重要，控制地中海的贸易与交通，与欧洲保持着密切的联系。君士坦丁堡被称为东西方之间的一座金桥。

1451年2月，土耳其苏丹穆罕默德二世上台后，使土耳其成为一个新的崛起的国家。他雄心勃勃，一心想作出一番伟大的事业，尤其是想征服全世界。他很有军事才能，总好亲自带兵打仗，一切命令均由他自己颁布，而且不让其他人干涉。他能吃苦，好微服私访。他特别精通炮兵战术，从历史上看，他可以称得上是第一位炮兵统帅。他上台后就开始整治军队，做攻击拜占庭的君士坦丁堡的准备。大致分为三个步骤：一是承认以前土耳其与拜占庭的条约，并作出和平的姿态，以此来麻痹对方；二是同周边国家如威尼斯、匈牙利和好，避免将来腹背受敌，三是修筑西沙尔要塞，切断君士坦丁堡与黑海的联系，使君士坦丁堡丧失粮食的供给。当时土耳其军队陆军有3种部队，一是新军，即正规军，这是军队中的精锐部分，很有战斗力。二是地方军，军队素质较差。三是杂牌军，这是战斗力最差的，是一些乌合之众。陆军以外，还有一支炮兵，装备先进的火炮，其中最大的一门火炮能发射石弹重量为1500磅重。此外，还有海军，大约有300艘战舰。

当时的拜占庭只限于君士坦丁堡一座孤城，全城陷入惶恐和奄奄一息状态中。城内军队不多，装备更是陈旧。虽有百万居民，而能服兵役的男子只有15万人而已，至于应召军也不足5000人。全城兵力只有8000人。在土耳其大兵压境之下，君士

178

坦丁皇帝也看出前途不妙，决定与土耳其侵略者决一死战。君士坦丁堡的主要要塞全角，南北两面都是海墙，在出口处又有许多木桩和铁链。拜占庭的海军几乎都集中在这一地区，由海军将领提费沙罗统帅。

双方都在紧张地进行作战准备。1453年4月5日，土耳其穆罕默德二世带领大军来到城墙下面，部署了军队。首先由查刚指挥的一军，在全角两端架设桥梁，准备攻击进城的木门。其次由卡拉加指挥的二军，负责攻击从木门到阿德来罗普门之间的城墙。再次，依沙克指挥的三军，负责攻击从全角至圣罗马拉斯门之间的城墙。最后是由穆罕默德三世指挥的四军攻击莱卡斯河谷。拜占庭皇帝根据对方兵力部署状况，便把自己兵力沿着城墙分为三段部署，北段防御由布柴尔地兄弟指挥；南段防御由康塔里尼指挥，中段由吉斯提尼指挥，重点在中段。

土耳其军队先后有5次进攻君士坦丁堡。第一次是4月15日，巴尔托格鲁指挥土耳其舰队，把大炮集中在君士坦丁堡护城河边，对城墙发起猛烈轰击，持续三四天。虽然在一处轰破城墙，但很快又被修复好，战斗没有进展。第二次，接着冲锋，全线攻击。土耳其士兵齐声高喊：冲啊，抢啊！向城里前进。但守将吉斯提尼指挥军队用强大的火器阻击，进攻被打退。君士坦丁堡依然在战火中屹立。第三次是5月7日，土耳其军队以5万人的兵力进攻圣罗马拉斯门附近城墙，一时万炮齐鸣，遍地起火。君士坦丁堡在危机中，一些人劝说皇帝逃跑，皇帝含泪说："我求你们不要再向我说这种话。而且也希望你们永远不离开我，而我也永远不会离开你们！"皇帝的决心增强了大家的信心，在无休止的炮声中与土耳其士兵奋战。在拜占庭士兵英勇抵抗下，穆罕默德二世因军队补给不足而自动撤围。第四次进攻是从5月18日开始，到25日结束。穆罕默德二世为了控制住大炮轰开的突破口，他采用了新的攻城武器——攻城楼，把这种攻城楼拖到城壕边，从楼上向城内发射火药桶，使射中的地方燃烧成火海。但这种方法很快被吉斯提尼设法征服了，吉斯提尼带领士兵把土耳其射进来的火药桶推进城壕中，使火药桶在城壕里顷刻化成硝烟。攻城楼失败后，土耳其又采用坑道爆破法，利用挖掘的坑道炸开城墙。结果，土耳其士兵不是被炸死、杀死就是被闷死，没有任何战果。第五次攻击从5月29日开始。前几次攻击中土耳其接二连三的失败，使穆罕默德二世一筹莫展，他曾劝说君士坦丁皇帝投降，结果遭到拒绝。于是，穆罕默德二世决定海陆同时进攻，不分昼夜连续进攻，以消耗拜占庭守军的战斗力，等待他们精疲力竭以后，最后发动强大的总攻，一举拿下君士坦丁堡。首先海军舰队集中火力，攻击海墙，使拜占庭的军队没法抽出兵力去支援陆墙方面的战斗。其次，穆罕默德二世亲临前线，为全军上下增强信心。他把陆军分成三个梯队，分别从不同地区向君士坦丁堡发动攻击。一梯队是杂牌军，二梯队是地方军，三梯队是新军，也是主力军。一梯队任务是消耗敌人的弹药，起拖的作用。二梯队任务是试探敌人的战斗力。第三梯队的任务是决战，也就是由他们攻克城市。这个梯队轮流攻击，战斗越来越激烈，死伤越来越多，双方犬牙交错，互有进退，相持不下。拜占庭的将领吉斯提尼指挥果断，稳如磐石。

在紧张战斗中，君士坦丁堡的守军暴露出一个破绽，即在主攻方向以北1公里的地方有个小门，没有兵把守。土耳其士兵乘虚而入，以这里为依附展开战斗，并很快越过城墙进入城内，与守城的拜占庭军队短兵相接。拜占庭的皇帝见大势已去，高喊着"我要与城堡共存亡"，带领战士冲向敌人。在与敌人厮杀时战死了。总指挥吉斯提尼战死沙场，皇帝血染城堡。君士坦丁堡失陷了。土耳其军队入城后展开了一场大屠杀，教堂被夷为平地，房屋遭到洗劫，无数人遭杀戮，5万人沦为奴隶。

土耳其终于用重大的牺牲攻陷了君士坦丁堡，穆罕默德二世将其改名为伊斯坦布尔，作为奥斯曼帝国的首都，拜占庭帝国宣告灭亡。

红白玫瑰战争

玫瑰战争，也叫作蔷薇战争，是英国兰开斯特王朝和约克王朝各自的支持者为了英格兰王位的继承权发起的内战。两个家族都是金雀花王朝皇族的分支，是英王爱德华三世的后裔。玫瑰战争这个浪漫的名字来源于两个皇族所选的家徽，兰开斯特的红玫瑰和约克的白玫瑰。

两个家族的对立始于英王理查二世被他堂弟兰开斯特公爵亨利四世在1399年推翻。作为爱德华三世的第三个儿子的后裔，兰开斯特公爵对王位的继承权并没有得到全英的拥护。根据先例，王位应该传给爱德华三世的次子的男性后裔埃德蒙，事实上，理查二世也是这样做的。但是，兰开斯特公爵强行加冕为亨利四世。由于理查二世在位时期的统治不得人心，所以亨利四世得到了人民的容忍。

亨利四世死于1413年，他的儿子兼继承人，亨利五世是个杰出的军人，他在英法百年战争中的军事胜利为他赢得了大量的支持，使得他得以强化兰开斯特家族的统治权。亨利五世死于1422年，而拥有爱德华三世次子血缘的约克公爵理查对懦弱的亨利六世的王位发起挑战。

1455年5月22日，约克公爵理查率领一支小部队前往伦敦，在伦敦北面的圣艾班斯碰到赶来的亨利六世的部队。相对规模较小的圣艾班斯第一次会战是内战的第一次公开冲突。理查宣称此战的目的是清除亨利国王身边的奸臣。结果，兰开斯特方面吃了败仗，他们失去了很多领袖。约克公爵和他的同盟重新获得他们的地位和影响力。随后，约克公爵出任摄政王，掌管宫中大权。

　　1459年9月23日，约克公爵从爱尔兰归来，冲突升级，塔福德郡发生的布洛希思战役中，一支兰开斯特家族的部队没能阻止约克家族的部队从约克郡的米德勒姆城堡出发并在鲁德娄城堡和约克公爵会师，从而加剧了国内混乱和动荡的气氛。

　　1460年7月10日，双方在北安普敦发生战斗。战斗中又是约克家族的沃里克伯爵率军打败了兰开斯特军队，随军的亨利六世再次被抓。两次胜利冲昏了约克公爵的头脑，他未与亲信磋商就提出王位要求，迫使亨利六世宣布他为摄政和王位继承人，这也意味着亨利六世的幼子失去了王位继承权。王后玛格利特闻讯大怒，她从苏格兰搬来救兵，集合了追随兰开斯特家族的军队，入侵约克公爵领地。约克公爵匆忙凑合一支几百人的队伍，前去征剿，由于轻敌冒进，被包围在威克菲尔德城。

　　12月30日，在内外夹攻下的约克军队四散逃跑，约克公爵及其次子爱德蒙被杀死，约克公爵的首级还被悬挂在约克城上示众，并扣上纸糊的王冠，用以讥讽。但约克公爵19岁的长子爱德华于1461年2月26日进入伦敦。

3月4日，他在沃里克伯爵和伦敦上层市民的支持下自立为王，称爱德华四世。他知道玛格利特不肯罢休，就在一些大城市召集到一支部队，向北进发，去打玛格利特。

1461年3月29日，双方在约克城附近展开决战。兰开斯特军队有2.2万余人，远远超过了约克军。当时，兰开斯特军队处于逆风之中，扑面的风雪打得他们睁不开眼睛，射出的箭也发挥不出威力。约克军队借助地势冲上山坡，兰开斯特军队损失惨重。双方激战到傍晚，仍然不分胜负。这时，约克军队的后续部队赶到，这支生力军向兰开斯特军队未设屏障的一侧发动进攻。兰开斯特军队彻底溃散。约克军队一直追杀到深夜。玛格利特带着亨利六世和少数随从仓皇逃亡苏格兰。这次战役的胜利使爱德华四世的王位暂时得以巩固。

1465年，亨利六世再次被俘，被囚禁在伦敦塔中，玛格利特只好逃往法国。至此，玫瑰战争的第一阶段宣告落幕，这一阶段是纯粹的贵族战争，双方也秉承骑士交战规则，即双方骑士乘马或徒步进行一对一分散的搏斗。双方共损失5.5万人以上，半数贵族和几乎全部封建诸侯都殒命于这场旷日持久的战争中。

在以后的战争过程中，约克派内部矛盾激化起来，最高统治权几度易手，集中表现在爱德华四世和沃里克伯爵的斗争上。爱德华四世趁沃里克不在伦敦之际，召集一支部队离开伦敦北行，他一面镇压北方叛乱，一面迅速扩军。沃里克在爱德华的大军面前不得不逃亡，投靠法王路易十一。不久，沃里克在法王路易十一的支持下打回英国。兰开斯特家族的爱德华四世逃往尼德兰，依附于他妹夫勃艮第公爵查理。

1471年3月12日，爱德华四世利用英国人对沃里克普遍反感的情绪，亲率军队与沃里克在伦敦以北的巴恩特决战。爱德华四世共有9000人的军队，而沃里克却有2万人的军队，由于力量悬殊，爱德华四世决定先发制人，清晨4时许，他率军在浓雾中发起攻击。沃里克本人被杀，其部下战死者达1000人。5月4日，爱德华四世又俘获了从南部港口威第斯偷偷登陆的玛格利特王后，将她和她的独生幼子及许多兰开斯特贵族杀死。之后又秘密处死了囚禁的亨利六世。至此，兰开斯特家族被诛杀殆尽，只有远亲里士满伯爵亨利•都铎流亡法国，他声称自己是兰开斯特家族事业的继承人。

1471—1483年，英国国内恢复了和平，爱德华四世残暴地惩治了不顺从的大贵族。

1483年4月，爱德华四世死后，其弟理查登上了王位，他也同样使用残酷和恐怖的手段处决不驯服的大贵族，没收其领地。他的所作所为，反而促使兰开斯特和约克家族都联合在兰开斯特家族的亨利•都铎周围来反对他。

1485年8月，理查同亨利•都铎的5000人军队激战于英格兰中部的博斯沃尔特。战争的紧要关头，理查军中的斯坦利爵士率部3000人公开倒戈，约克军遂告瓦解，理查三世战死，从而结束了约克家族的统治。出身于兰开斯特家族的亨利·都铎结束了玫瑰战争，登上了英国王位，史称亨利七世。为缓和政治紧张局势，他同爱德华四世的长女伊丽莎白（约克家族的继承人）结婚后，将原来的两大家族合为一个家族。